Elizabeth dit tout...

ELIZABETH TAYLOR

Elizabeth dit tout

COMMENT RETROUVER LA LIGNE, LA CONFIANCE EN SOI et COMMENT ÊTRE BIEN DANS SA PEAU

Traduit de l'américain par Claire Beauvillard

ÉDITIONS ROBERT LAFFONT
PARIS

Titre original : ELIZABETH TAKES OFF on weight gain, weight loss, self-image and self-esteem

ISBN 2-221-05648-5
(édition originale :
ISBN 0-399-13269-4 G.P. Putnam's Sons, New York)

Ce livre t'est dédié à toi
(tu te reconnaîtras).

REMERCIEMENTS

Je remercie Jane Scovell pour les heures qu'elle a consacrées à cet ouvrage.

Je tiens également à remercier Richard Brooks, Phyllis Grann, pour son soutien, ainsi que toute son équipe, Sidney Guilaroff, Joy Harris, Sheran Horby, Robby Lantz, Roddy McDowall, Nolan Miller, Carole Bayer Sager, Chen Sam et son équipe, Liz Thornburn, Robert Wagner et Roger Wall.

Et, surtout, je remercie ma famille.

Prologue

Je m'appelle Elizabeth Taylor. Depuis près de cinquante ans, le public me connaît. Il m'a vue enfant, adolescente, jeune femme, épouse, mère et, à présent, grand-mère. Vous remarquerez que je n'applique aucun adjectif aux différentes étapes de mon existence. M'en blâmerez-vous ? Dès qu'il s'agissait de me décrire, les studios et la presse s'en sont donné à cœur joie. Je n'ai donc nul besoin d'en rajouter.

Jeune ou vieille, ronde ou mince, Dieu sait que je n'ai jamais pu échapper à mon image. Que je regarde en souriant cette silhouette qui a retrouvé un 38 — ce qui n'est pas si mal pour une grand-mère de cinquante ans et quelques —, ou que je cherche à fuir tous les miroirs à l'exception de celui de mon poudrier, les journaux, les magazines et l'écran n'ont cessé de me renvoyer mon image, et ce depuis que je suis petite fille.

Grandir à Hollywood présente un danger : on a tendance à confondre « image » et « image de soi ». L'apparence et l'idée que l'on se fait de soi-même sont souvent deux choses différentes. L'*image,* c'est ce que l'on paraît. L'*image de soi* se rapproche de ce que l'on est. Nous connaissons tous des gens gros qui n'ont pas de problèmes dans leur vie émotionnelle et qui ont gardé le sens de leur propre valeur. Hollywood fourmille de femmes belles et minces qui, malheureuses et insatisfaites, ne s'estiment pas à leur juste valeur.

J'ai eu de la chance. Très tôt, j'ai appris à dissocier l'image que j'avais de moi-même de ma personne publique. C'était une nécessité. Je suis devant les caméras depuis que j'ai neuf ans et si, pendant toutes ces années, j'avais essayé de plaire à un public aussi vaste qu'inconnu, je ne serais plus qu'un petit tas de cendres. Bien que ma vie ait été étalée dans la presse, aux yeux du monde entier, je l'ai vécue pour moi et pour ceux devant qui je me sens directement responsable. En d'autres termes, ceux dont l'existence sera affectée ou influencée. Jamais je n'ai essayé d'expliquer mes actes, sauf à ceux devant qui je me sens responsable. Cette attitude a parfois choqué le public, mais il a fini par me respecter pour ce choix.

Certaines opinions extérieures, nos amis, notre famille et ceux que nous aimons, influent sur le jugement que nous portons sur nous-même. Et pourtant, cette image se forge au cœur de notre personnalité. Toute femme sait à quel point son apparence, ce qu'elle croit être son apparence, influe sur son humeur. Et toute femme un tant soit peu honnête reconnaîtra qu'image de soi et estime de soi sont intimement liées. Je n'ai pas dit « image », mais « image de soi ». L'apparence seule n'est pas un facteur déterminant. C'est une leçon que ma mère m'a vite enseignée, quand je suis devenue actrice.

Au début du scénario du *Grand National*[1], le film qui me propulsa au rang de vedette, Velvet, la petite fille que j'interprétais, gagne un cheval dans une tombola. Le précédent propriétaire la met en garde : il n'a jamais travaillé.

« Ce n'est qu'une belle créature ! » ajoute-t-il.

Et Velvet de répliquer :

1. *National Velvet,* de Clarence Brown, 1944.

« N'est-ce pas déjà beaucoup de travail que d'être belle ?

— Non, m'affirma aussitôt ma mère. A moins que l'on ne donne au mot *beau* tout son sens, que l'on ne soit satisfait de sa vie, que l'on n'ait de bons rapports avec les autres et que l'on soit fier de son travail. »

Telle était l'opinion de ma mère. Mais la plupart des femmes savent que leur physique influe sur l'image qu'elles ont d'elles-mêmes et, dans notre société, être belle, c'est être mince. Toute prise de poids affecte autant l'idée que nous nous faisons de nous-même que notre physique. En revanche, une perte de poids nous redonne aussitôt confiance en nous. Enfin, toute femme sait qu'un régime paraît moins pénible quand on est heureux. Bien que j'adore faire bonne chair, la crème au chocolat me tente moins si je suis active et bien dans ma peau. Si mon existence est comblée sur le plan professionnel et sentimental, la crème au chocolat Perugina, que j'ai gardée pour des amis, ne me met pas l'eau à la bouche au moment de m'endormir. En fait, quand un film m'absorbe vraiment, j'en oublie de déjeuner. Et je suis pourtant de celles qui pensent qu'un bon repas vaut un tableau de maître.

Après quarante-cinq ans, le poids est devenu l'une des principales composantes du jugement que je portais sur moi-même. Lorsque j'ai enfin trouvé le courage de m'attaquer à ces kilos superflus, j'ai dû admettre que, si j'avais commencé à grossir, c'était d'abord parce que j'avais perdu ma fierté. Je n'ai toutefois pas le droit de me plaindre. La quarantaine est une période idéale pour s'accepter telle que l'on est. C'est d'ailleurs ce que j'ai fait une grande partie de mon existence.

Je manquais en fait de confiance en moi

Bien entendu, je savais que mon aspect physique faisait partie de mon métier et que je devais faire quelques efforts. Il n'en était pas moins agréable de ne pas trop avoir à m'inquiéter des résultats. Et puis, il y a quelques années de cela, ma vie privée s'est effondrée et mon apparence physique s'est détériorée. C'est devenu un cercle vicieux. Je mangeais énormément pour compenser tout ce qui me manquait. Mais je manquais en fait de confiance en moi, et toutes les nourritures terrestres n'y pouvaient rien faire. Au fur et à mesure que ma taille épaississait, je trouvais d'autres raisons de me traiter avec dureté. Je me consolais alors en m'offrant quelque chose à manger ou à boire. Au bout d'un certain temps, cela devint ma principale préoccupation. « Que vais-je manger ? » pensais-je en me levant le matin. Après le petit déjeuner, je commençais le compte à rebours jusqu'au déjeuner et, quand celui-ci était terminé, je comptais les heures jusqu'au dîner. Entre-temps, je grignotais sans cesse. J'avais même fini par renouveler le sens du mot *en-cas*. « Repas léger, prêt à toute heure », nous dit le dictionnaire. Dans mon lexique, c'était un festin de plus, qui atteignait souvent les proportions d'un banquet.

Il est un point que je veux évoquer dès le début de cet ouvrage : la boulimie est l'*une* de mes drogues. Je n'essaie nullement de minimiser l'importance de l'alcoolisme ou des autres drogues dont j'ai été dépendante. Mais cela est le sujet d'un autre livre, nettement plus volumineux.

Récemment, certains de mes amis m'ont avoué leur ébahissement devant les quantités de nourriture que j'étais capable d'ingurgiter. Le plus affreux, c'est que je n'étais même pas consciente de mes exploits gastronomiques. Je me demande si le meilleur moyen d'inciter les obèses à suivre un régime ne serait pas de filmer tous les repas et en-cas qu'ils prennent dans une journée. Le sujet pourrait alors voir le film et se rendre compte de ce qu'il consomme. Je ne crois pas que quiconque aimerait jouer le rôle d'Elizabeth Taylor dans *Je m'empiffre*. Dieu sait pourtant que les médias ont fait leurs choux gras de mon embonpoint. Au début des années soixante, l'histoire d'amour « profane » des Burton rivalisait avec celle, plus « sacrée », qui se déroulait à Washington. Les mêmes journaux, qui avaient donné la priorité aux premières photos de Richard Burton et de moi sur une plage, reléguant à la seconde place les clichés des Kennedy à la Maison-Blanche, s'intéressèrent alors à mes nouvelles et peu flatteuses mensurations.

Au fil des ans, et même si cela ne me touchait pas, je regardais l'image que donnaient de moi les différents médias avec une sorte de fascination horrifiée. Ma vie a sans doute été très théâtrale, toute noire ou toute blanche, même si, pour l'instant, j'essaie de cultiver le « gris ». C'est une couleur très séduisante, vous savez, pas terne du tout. Cela dit, je ne puis m'empêcher de penser que, quoi que je fasse, ma vie sera toujours perçue par le public en termes d'extrêmes.

Dieu sait que mon odyssée de la minceur à l'embonpoint, puis à la minceur retrouvée fut relatée avec une documentation aussi précise qu'un arrêt de la Cour suprême. Je suis ravie que tant de gens m'aient soutenue, mais je crois que l'intérêt porté à ma corpulence, puis à mon amaigrissement, était démesuré. Un soir où je rentrais chez moi après la cérémonie de remise des Oscars, j'ai allumé la télévision pour voir les dernières informations. On y parla surtout de la beauté de ma silhouette, avec force photos me représentant « avant » et « après ».

Ce reportage fut suivi d'une rencontre au sommet, d'un sujet sur les inondations, d'un autre sur un scandale à Wall Street. Il est certes très flatteur que l'on s'intéresse autant à mon aspect, mais de là à me faire passer avant les affaires internationales, les désastres naturels et les scandales nationaux ! Tout cela est quelque peu ridicule.

Malheureusement, quand j'ai atteint mon poids maximal, quelque quatre-vingts kilos, mon sens du ridicule avait emprunté le même chemin que mon amour-propre, enterré sous des monceaux de graisse et de problèmes affectifs que j'avais choisi d'ignorer. Dans l'ensemble, ce que disait la presse était vrai. Il y a une différence entre être agréablement dodue et franchement obèse, et j'avais franchi le pas.

Pour la première fois de mon existence, je ne me souciais plus de mon apparence. Mon poids était une sorte de yo-yo jeté en pâture au monde entier et, tandis que l'on me contemplait, je me révoltais contre cette pression en mangeant davantage ! Tout le monde, pas seulement les gens du spectacle, était à même de constater et de critiquer la méfiance, la culpabilité et la honte que j'éprouvais. Comme tout ce que je fais, je me suis engagée à fond sur cette pente autodestructrice. Contrairement à ce que semble révéler ce comportement, je ne suis pas aussi incontrôlable qu'on pourrait le penser. Je suis consciente de mes actes. Bien sûr, quand on a une vie publique et que l'on se détruit, les autres préfèrent se dire qu'on ne se contrôle plus. C'est plus rassurant. En vérité, je savais parfaitement ce que je faisais.

Même dans les pires moments, je crois être restée honnête avec moi-même

J'ai essayé, en toute circonstance, d'être franche et directe. Je ne me suis jamais cherché d'excuses. J'ai toujours eu pour devise d'être honnête envers moi-même, que cela plaise aux autres ou non. Ils ne peuvent ni tout comprendre ni tout connaître de mon existence. Ils ne voient que les résultats, des résultats généralement déformés par les médias. Même dans les pires moments, je crois être restée honnête avec moi-même. A cette époque, j'avais une image de moi-même que je nourrissais dans tous les sens du terme. A présent, je me fais une idée plus juste de ce que je suis et je fais tout pour lui correspondre.

Tandis que ma gloutonnerie se déchaînait, je réagissais comme toutes ces femmes qui n'ont plus d'amour-propre. J'avais presque cinquante ans quand, pour la première fois, j'ai perdu le sens de ma propre valeur. Et ce parce que, après l'élection de mon mari John Warner au Sénat, je me suis sentie inutile. Comme beaucoup d'épouses à Washington ou ailleurs, je n'avais rien à faire. Aux yeux du public et à mes propres yeux, mon image était détruite.

Ma décision de changer complètement de vie tient du miracle, mais je suis fière d'avoir eu la volonté de m'en tenir au but que je m'étais fixé, malgré des périodes de bouleversement affectif, malgré ces journées où rien ne m'empêchait de prendre le chemin de la cuisine. Ce n'était pas facile. Les choses importantes ne le sont jamais, pas même le simple fait d'être bien dans sa peau. Mais je crois fermement que, si j'ai pu changer, vous le pouvez aussi.

Vous me direz peut-être que d'être Elizabeth Taylor m'a rendu la tâche plus aisée. C'est en partie vrai. Mais cette même réalité m'a parfois rendu la tâche plus difficile. Longtemps choyée et protégée, je n'avais pas eu à affronter la vérité. Si vous n'êtes pas honnête avec vous-même, vous ne réussirez pas.

Si j'ai décidé d'écrire ce livre, c'est aussi par agacement devant les nombreux articles répétant à l'envi que mon embonpoint — et, par conséquent, celui d'autres femmes — n'était que le résultat de forces extérieures que je ne maîtrisais pas. C'était absolument faux. Nous avons toutes des emplois du temps chargés, qui ne nous permettent pas de prendre trois repas équilibrés par jour. Nous sommes toutes tentées par les plats à haute teneur calorique, que nous confectionnons pour nos invités, et par les divers assaisonnements qui font rimer agrément et aliments. Mais, si l'on considère bien les choses, il ne nous est pas impossible de dominer notre réaction à ces pressions. Quand j'ai perdu tous ces kilos, j'ai appris à me connaître, à me respecter et surtout à me prendre en charge.

J'en ai surpris plus d'un. Et je suis assez fière de moi. En 1982, je pesais plus de quatre-vingts kilos. Ce matin, ma balance indiquait cinquante-cinq kilos. Cette perte de poids est le plus visible de mes succès. Vous en êtes tous témoins. Mais vous n'avez vu ni comment j'y suis parvenue ni, ce qui est plus important, comment je m'y maintiens. En écrivant cet ouvrage, je ne peux ni ne veux vous promettre d'améliorer l'image que vous avez de vous-même ni de réduire votre taille. J'essaierai, cependant, de vous donner une méthode pour changer le regard que vous portez sur votre vie et sur vous-même. Son succès dépend de vous. Je ne suis qu'un guide.

Je voudrais d'abord évoquer un point essentiel pour toutes celles qui veulent remodeler leur corps — maigrir. Quand je parle de régime, il ne s'agit pas de mourir de faim — ne l'oubliez pas. Il y a une différence entre opter pour un régime intelligent et une surveillance raisonnable, et mourir de faim et se priver de façon absurde. Il est aussi dangereux d'être trop mince que d'être trop grosse. Beaucoup trop de femmes (quelques hommes aussi) ont fait leur le vieux dicton : « On n'est jamais trop mince ni trop riche. » Entre nous, je souscris volontiers à la seconde affirmation, absolument pas à la première.

Je connais maintenant le poids qui me convient et je conserve à peu près la même silhouette depuis trois ans. Je ne suis pas surhumaine, et j'ai parfois dévié de mon régime de croisière. Toutes les femmes, je crois, traversent des périodes où elles ont envie de dévorer, des moments d'ennui, de solitude ou, plus simplement, de stress professionnel. Ces dernières années, ces périodes ont été pour moi directement liées à mon état de santé. Envoyez-moi à l'hôpital, dites-moi que je vais subir des semaines de douleurs dentaires, dorsales, du cou ou des jambes, et je ne penserais plus qu'à un *sundae* arrosé de chocolat chaud, vous savez, les vrais sundaes, avec autant de chocolat que de glace. La grande différence, maintenant, c'est que je prends trois kilos, pas vingt ! J'ai assez souffert, ces dernières années, pour connaître mes points faibles et, heureusement, je sais désormais, en toute occasion, contrôler le poids que je prends.

Il est non seulement plus difficile à une femme d'un certain âge de perdre du poids, mais elle doit, de plus, choisir entre son postérieur et son visage, dit-on. A cet égard, j'ai eu de la chance. Mon visage est mieux mince, et j'ai pu maigrir sans paraître émaciée. Malheureusement, mes contemporaines semblent souvent se fixer des objectifs dangereux pour leur santé. Elles se trouvent superbes quand leurs joues se creusent. Pour moi, ce sont des squelettes. Je ne parviens pas à comprendre pourquoi les médias incitent les femmes à adopter des modèles aussi destructeurs. A Hollywood, on se justifie en disant que la caméra vous rajoute à peu près cinq kilos. Vous avez déjà entendu ça, j'en suis sûre. Je ne suis pas d'accord, et ça ne me servirait certainement pas d'excuse pour devenir anorexique. Quand je pèse moins de cinquante-cinq kilos, je fais autant d'efforts pour remonter à cinquante-huit que pour redescendre quand j'atteins soixante-deux kilos. La seule idée de devoir grossir m'enchante. Quand je travaille, j'oublie parfois de manger, alors je maigris. A mon

La grande différence, maintenant, c'est que je prends trois kilos, pas vingt !

âge, quelques kilos de plus ou de moins, *cela se voit*. Quand je suis descendue au-dessous de cinquante-cinq kilos, je commençai à perdre de la poitrine ! Il était grand temps d'agir. Croyez-moi, c'est un plaisir d'avoir ce genre de problème. Mais, vous vous en doutez, il m'a fallu longtemps pour en arriver là.

Si la vie que je mène aujourd'hui compte beaucoup pour moi, je veux aussi aider tous ceux qui pourraient profiter de mon expérience. Après avoir été, pendant des années, un idéal aux yeux de quelques nababs du cinéma, c'est avec soulagement que je me présente telle que je suis.

Le but de ce livre n'est pas de rétablir la vérité en vous racontant pourquoi j'ai grossi et comment j'ai maigri. Je voudrais aussi vous parler des moyens qui m'ont permis de renoncer à certaines attitudes qui ne reflétaient pas la réalité. Il m'a fallu, premièrement, apprendre à me voir telle que j'étais et agir ; deuxièmement, acquérir une alimentation saine et faire régulièrement de l'exercice.

Je ne prétends être ni médecin ni nutritionniste, mais j'ai souffert d'obésité et je sais à quel point c'est pénible. Je sais aussi que cet état engendre un comportement de vaincu et que l'on a tendance à s'apitoyer sur son sort. Si, en faisant partager mon expérience, je donne à d'autres l'énergie de retrouver la maîtrise de leur existence et de leur apparence physique, j'aurai atteint le but que je me suis fixé en écrivant ce livre.

Introduction

Vous êtes la seule à pouvoir prendre en charge votre image et votre amaigrissement. Je veux vous aider en vous faisant part de mon expérience, de mon régime et de mon programme d'exercices physiques. Mais au bout du compte, c'est vous qui en serez responsable. J'espère que les chapitres qui suivent vous aideront à trouver un mode de vie grâce auquel vous serez et vous vous sentirez mieux, mais c'est vous qui déciderez ou non d'utiliser ces quelques conseils pour atteindre votre image idéale.

Il vous faut d'abord découvrir votre poids de forme. Pour certaines, ce sera cinquante kilos, pour d'autres, soixante ou même soixante-quinze kilos. Pour les hommes, les chiffres sont plus élevés, mais le principe reste le même.

Je mesure un mètre soixante-cinq, pieds nus, et je me sens en pleine forme quand je pèse entre cinquante-huit et soixante et un kilos, pas plus et certainement pas moins. C'est mon poids idéal, je pense. Mais *idéal* est un mot piégé quand il s'applique à l'aiguille de la balance. Je crois qu'il faut suivre son instinct, mais une courbe de poids n'est pas inutile. Celle-ci devra tenir compte du sexe, de l'âge, de la taille et de la structure osseuse. Même avec la meilleure des courbes de poids types, vous constaterez des variations d'une dizaine de kilos dans un groupe donné et, le moins que l'on puisse dire, c'est que les indications généralement jointes sont déroutantes. Les statistiques procèdent par préceptes du genre : « taille mesurée avec des talons de cinq centimètres, pesée en vêtements de ville ». Pourquoi décider des chaussures les plus adéquates ? Parle-t-on de jean, de tenue d'été ou d'hiver ? Pourquoi les données ne s'appliquent-elles pas au corps nu. On n'aurait plus à se préoccuper de la saison !

Un bon guide devrait adapter, autant que faire se peut, les statistiques à l'individu. Il faut également qu'il se fonde sur des poids correspondant à un état de santé et qu'il se préoccupe de la réalité de chacun, et non de quelque objectif impossible à atteindre.

Il est intéressant de noter que les poids recommandés par la Metropolitan Life Insurance ont beaucoup évolué entre 1959 et 1983. Si j'en crois les chiffres, mon poids idéal aurait oscillé entre cinquante et cinquante-quatre kilos, il y a trente ans. Il est aujourd'hui compris entre cinquante et un et cinquante-huit kilos. En 1967, quand j'ai tourné *Reflets dans un œil d'or*[1], je pesais soixante kilos. A l'époque, je ne me trouvais pas mal du tout. Si j'avais vraiment été bien, j'aurais cessé mon régime dès que j'aurais atteint ce poids fatidique. Mais, sur la pente qui m'éloignait du paradis des petits cochons, je suis passée en deçà des soixante kilos, et je suis beaucoup mieux quand j'en pèse cinq de moins.

Un miroir en pied est le meilleur allié de celle qui suit un régime

En plus de la balance et des divers diagrammes, je considère qu'un miroir en pied est le meilleur allié de celle

1. *Reflections in a Golden Eye*, de John Huston, 1967.

qui suit un régime. Bien sûr, on peut se cacher. Je l'ai fait. Au sommet de ma courbe de poids, ma méthode était fort simple. En premier lieu, je m'enveloppais littéralement dans mes vêtements, en général des caftans qui auraient pu abriter une tribu bédouine tout entière. Puis je défilais devant le miroir en me regardant du coin de l'œil. Mon aspect ne me choquait pas, car ces regards vagues, à la dérobée, étaient plus que trompeurs. Ne vous faites pas d'illusions. Tous les caftans, boubous et robes-sacs du monde ne dissimuleront jamais ce qui se trouve au-dessous.

Si vous voulez sérieusement vous mettre au régime, faites comme moi : déshabillez-vous complètement et plantez-vous devant la glace (choisissez de préférence un miroir qui vous montrera sous toutes les facettes). Il est impossible de mentir lorsque l'on a l'évidence devant soi. J'ai découvert cela quand j'ai enfin eu le courage de « me mettre a nu et de m'examiner ». J'ai vu ce que voyait le public depuis des années, une femme d'âge mûr, grosse et bouffie. Des plis de chair cachaient mes yeux « violets ». Mon image n'était ni belle, loin s'en faut, ni saine.

Je suis peut-être une star mais, quand j'ai atteint cet état pitoyable, j'avais les mêmes raisons de me laisser aller que les autres femmes. Pourquoi ? Il est une excuse qui vient immédiatement à l'esprit quand l'apparence d'une femme se détériore : elle vieillit. Si vous considérez que seul votre âge est à blâmer, sachez que c'est une mauvaise excuse, dangereuse de surcroît. Regardez les choses en face. Lorsqu'on vieillit, il n'y a pas trente-six solutions. Sans doute est-il plus difficile à une femme qu'à un homme d'accepter le processus naturel du vieillissement, mais c'est indispensable.

Un jour, mon ami Sidney Guilaroff, *le* coiffeur des artistes de Hollywood et mon père adoptif depuis mes débuts à la MGM, m'a raconté une anecdote sur Marilyn Monroe. Marilyn adorait Sidney et avait toute confiance en lui. Sidney l'adorait mais, comme tous ses amis, il était inquiet pour elle. Elle était terrorisée à l'idée d'avoir quarante ans.

« Un jour, elle est venue se faire coiffer, me dit-il, et, tandis que je lui démêlais les cheveux, elle s'est penchée vers le miroir, a posé ses mains sur son visage et s'est écriée : " Mon Dieu, Sidney, regarde ces rides ! Mon Dieu, Sidney, est-ce que je vieillis ? " Bien entendu, je lui ai affirmé qu'elle était superbe, mais ces rides la déprimaient tellement ! Trois jours plus tard, elle était morte, à trente-six ans. Elle aurait soixante-deux ans aujourd'hui, mais Marilyn n'aurait jamais pu avoir soixante-deux ans », conclut Sidney.

Puis il s'est tourné vers moi et m'a adressé l'un des plus beaux compliments que l'on m'ait jamais faits.

« Elizabeth, tu pourras avoir soixante-deux, soixante-douze, quatre-vingt-deux ans, et rester aussi belle qu'à cinquante. »

Sidney a bien compris une chose : je n'ai pas peur de vieillir. Les efforts que je fais pour être bien ne visent pas à me rajeunir. C'est impossible. J'étais superbe à vingt ans, mais je ne peux pas être la même à cinquante et je refuse de tomber dans ce genre de piège. Quand Gloria Steinem a fêté son quarantième anniversaire, m'a-t-on raconté, quelqu'un s'est approché d'elle et lui a dit : « Vous ne faites pas vos quarante ans. » Ce à quoi Gloria Steinem a répliqué : « Quarante ans, c'est ça. » Voilà une attitude positive que nous devrions toutes adopter, quel que soit notre âge.

J'aurais pu avancer d'autres excuses susceptibles d'expliquer l'ampleur que j'avais prise à Washington, et notamment mon statut de célébrité. Non, même à cette époque, je reconnaissais que mon extraordinaire embonpoint s'expliquait par ces afflictions de l'âge mûr qui ne sont que trop banales, la solitude et l'inactivité. Dans mon cas, l'alcool et les trop nombreux cachets que j'absorbais n'ont fait qu'amplifier le phénomène.

A cinquante ans, il m'a fallu me recréer ou me réinventer. Comme j'avais d'autres problèmes, j'ai finalement dû entrer à la clinique Betty Ford. Même avant cela, j'avais décidé de retrouver ma forme. Quand j'ai quitté Washington et repris mon travail d'actrice, j'étais prête à m'attaquer à l'image que j'avais de moi-même. C'est-à-dire à suivre un régime. Bien que je n'aie généralement pas eu de problèmes de poids dans mon existence, je suis actrice et j'ai donc toujours été entourée de professionnels du régime. Et, les dernières années, j'avais moi-même essayé toutes sortes de régimes fantaisistes. Du régime pamplemousse à ceux de Stillman ou de Scarsdale. C'est bien simple, je les ai tous essayés. Je me suis donné un mal de chien pour maigrir. Et j'ai perdu des kilos, des tas, mais, comme je n'avais pas modifié mon comportement alimentaire, je les reprenais aussitôt. Il me fallait donc trouver une manière sensée de maigrir définitivement.

Il y a une chose que vous ignorez peut-être. Quand je commence quelque chose, je m'y donne à fond et je finis par concevoir ma propre méthode. Demandez à Mike Westmore, il vous racontera comment j'ai mis au point mon maquillage. Demandez à José Eber, il vous dira comment, à partir des coiffures qu'il avait imaginées, j'ai créé mes propres variations. Demandez à Nolan Miller, il vous dira que, bien que je ne sois pas styliste, je sais ce qui me va et que je n'hésite jamais à faire quelques suggestions. Demandez au Dr Leroy Perry, il vous parlera de ma tendance à concevoir mes propres exercices. Eh bien, pour mon régime, j'ai procédé de la même façon. J'ai analysé

Il me fallait trouver une manière sensée de maigrir définitivement

les diverses composantes des régimes les plus efficaces et j'ai constitué un régime qui marchait vraiment. Je suis passée du 48 au 40, parfois au 38, et cela faisait des années que je ne m'étais pas sentie aussi bien. Ne vous fiez cependant pas à la taille de vos vêtements. Vous êtes peut-être superbe avec un 44, alors n'allez pas vous imaginer que la seule solution est de porter un 38. Visez juste et acceptez le poids ou la taille qui vous conviennent, sans vous préoccuper de moi ou de quiconque ! J'ai ma constitution, vous avez la vôtre et, permettez-moi de vous le dire, si vous avez de longues jambes, je vous envie.

D'après Nolan, le responsable des costumes de *Dynastie,* j'ai la silhouette type d'une actrice de cinéma : bonnes épaules, belle poitrine, taille fine, des hanches étroites. Ce n'est pas mal, bien que, comme nous toutes, il y ait quelques points que j'aimerais modifier : le haut de mes bras, mes jambes trop courtes ou ce double menton naissant... ou... Vous voyez comme nous avons tendance à nous attacher à chaque détail ?

Dans ce métier où l'apparence physique compte tant, les acteurs et les actrices sont particulièrement sensibles à leurs défauts physiques, mais ceux qui veulent avoir une image saine d'eux-mêmes se doivent d'être réalistes. En vieillissant, nous devons lutter contre l'effondrement de notre image. C'est l'un des plus grands défis que nous avons à relever.

Quand j'avais vingt ans, il me suffisait de paraître sur le plateau. Je ne m'inquiétais nullement de mes bourrelets, car j'étais jeune et mince. Tout a changé entre trente et quarante ans. Notre métabolisme ralentit quand nous vieillissons. C'est l'une des raisons de cette évolution. Une femme plus âgée n'a plus besoin que de 1 800 calories par jour, l'équivalent d'un régime draconien pour une adolescente en pleine activité. Il nous est certes possible de réduire notre consommation, mais ni vous ni moi ne pouvons reconstruire le corps que nous avions. La jeunesse a un éclat qui lui est propre, une chair lumineuse et ferme que le temps, ce voleur, altère. Tous les chirurgiens et tous les régimes du monde, je l'ai dit, ne vous rendront pas vos dix-huit ans. Alors, inutile d'essayer.

Si vous êtes jeune, mon régime vous aidera certainement à perdre les kilos indésirables, mais, mon Dieu, vous avez la jeunesse pour vous et le vent en poupe. Une fois que vous aurez acquis de bonnes habitudes alimentaires, vous disposerez d'un schéma pour la vie, qui vous évitera des changements radicaux lorsque vous vieillirez.

Nous avons la chance de vivre à une époque où la médecine et la science nous ont beaucoup appris sur le processus du vieillissement, ce qui nous permet de prévenir les outrages du temps. Nos filles sont plus fortunées que nos mères et nos grand-mères. Elles savent que

Quand j'avais vingt ans,
il me suffisait de paraître
sur le plateau

manger raisonnablement et faire de l'exercice physique, à dix comme à vingt ans, les aideront à avoir un corps sain à soixante-dix.

Quand une femme vieillit, une partie considérable de sa masse maigre, autrement dit de ses muscles, est remplacée par de la graisse. A quarante ans, celle-ci a tendance à s'accumuler sur les hanches et les cuisses, à cinquante ans autour de la taille. A soixante ans, la proportion de graisse atteint parfois 42 %. La conséquence de tout cela, c'est que l'on devient mou. Les femmes bien nourries et bien entraînées de la jeune génération ne connaîtront pas ce problème. Ces altérations dues à l'âge et à la pesanteur, seins tombants et cuisses flasques, ne sont plus inévitables.

Cela dit, quel que soit votre âge, je ne vous promets pas que mon régime sera une partie de plaisir. Moi qui aime tant toutes les facettes de l'existence, je suis la première à reconnaître que maigrir est un exercice pénible. Tout me passionne, y compris la gastronomie, et chacun sait que les plats que l'on préfère sont généralement les plus riches. J'ai un faible pour les sucreries, en particulier pour le bon chocolat, mais, chaque fois que je passe devant un miroir, je constate que la discipline est payante.

Quant à l'amaigrissement même, il n'y a pas de miracles. Je suis bien placée pour le savoir. Je les ai assez espérés et cherchés, notamment dans ces sanctuaires de l'amincissement que sont les établissements de cure. Si vous avez les moyens de vous les offrir, c'est parfait, mais si vous êtes comme moi, vous perdrez les mêmes sept kilos à chaque séjour. A mon avis, le secret de la stabilité réside dans le mode d'alimentation à la maison et dans l'acquisition de bonnes habitudes alimentaires, jour après jour.

J'ai suivi ce régime pendant des années et j'ai fini par accomplir des miracles moi-même. Un jour, j'ai entendu un « clic », cette petite clochette qui tinte dans notre tête pour nous dire : « Assez, il est temps d'arrêter. »

La première fois que j'ai entendu ce mot, c'était en 1958, quand j'ai joué Maggie la Chatte dans la version filmée de la pièce de Tennessee Williams, *La Chatte sur un toit brûlant*[1]. Paul Newman, presque un nouveau venu à Hollywood, incarnait Brick, mon partenaire principal.

En raison des sous-entendus homosexuels de la pièce — sujet difficile à traiter dans les années cinquante —, le studio eut toutes les peines du monde à trouver un réalisateur qui convînt. Enfin, Benny Thau, directeur de

1. *Cat on a Hot Tin Roof,* de Richard Brooks, 1958.

la MGM, confia cette tâche à Richard Brooks, qui était sous contrat et qui, bon gré mal gré, dut s'incliner. Des années plus tard, Richard m'a raconté que le studio était très pressé car, d'après lui, Thau aurait dit : « Si Elizabeth ne commence pas le tournage le 1er février, son contrat arrivera à terme, et il faudra la payer un million de dollars pour son prochain film. Or, pour l'instant, elle n'en touche que soixante mille. »

Dans le film, Paul joue le rôle d'un alcoolique. C'est dans l'une de ses répliques que j'ai entendu l'expression « clic ». « Il faut que je boive jusqu'à ce que ça vienne, dit Brick. C'est juste un truc mécanique, une sorte d'interrupteur qui fait clic dans ma tête, qui éteint la lumière trop forte, allume une lumière douce. Soudain, c'est la paix. »

Le déclic qui se produit chez Brick a une signification négative, issue de la stupeur engendrée par l'alcool. C'est dangereux et trompeur, mais je n'ai jamais oublié le mot. Moi, je lui ai donné un sens positif. Ce « clic », c'est le bruit des choses qui reprennent leur place, une sorte d'interrupteur dans ma tête, qui me prévient que le temps est venu de changer.

Le jour où je me suis forcée à me déshabiller devant un miroir en pied et où j'ai vu mon corps tel qu'il était, le déclic s'est produit. L'heure était venue de cesser de mentir. Et c'est alors que j'ai réellement commencé à retrouver l'image que j'avais de moi-même et un certain amour-propre.

Avant de prendre la décision de suivre un régime, j'analysais souvent les raisons de mes problèmes. Je les comparais au plaisir d'un délicieux petit en-cas pour conclure : « Et puis zut ! encore une semaine et je serai vraiment grosse. Alors là, je m'y mets. » C'est à cette même époque que des amis bien intentionnés me demandaient : « Elizabeth, ne crois-tu pas que tu devrais perdre quelques kilos ? » C'était exactement ce dont j'avais besoin. Mais le côté pervers de ma nature reprenait le dessus et je me ruais sur une crème glacée.

Mais, du jour où j'ai décidé d'agir, je n'ai jamais dévié de l'objectif que je m'étais fixé. La situation était différente : j'avais la volonté de regarder en face les problèmes affectifs qui sous-tendaient mon obésité et d'agir également dans ce domaine. La route ne fut pas toujours facile, mais, chaque fois que je vacillais, je faisais une pause pour écouter le « clic » de ma conscience. Il m'a parfois fallu m'isoler une heure, et même une journée entière. Quelque longue que fut l'attente, je me forçais à penser à tous mes actes d'autodestruction. Puis, un par un, je me résolvais à y renoncer. La boulimie est une satisfaction superficielle. Quand j'ai comparé cette consolation éphémère et le merveilleux soulagement que j'éprouvais lorsque j'étais au mieux de ma forme, je n'ai plus hésité.

Le « clic » s'est révélé efficace parce que j'étais prête à l'écouter. Seule une véritable motivation nous pousse à agir. Au bout du compte, on ne change que pour se faire plaisir à soi. Vous ne réussirez que si vous parvenez à appuyer sur l'interrupteur de votre conscience. Mais, si vous êtes prête, ce livre vous sera utile. C'est plus qu'un programme d'amaigrissement spécifique. Ce sera pour vous l'occasion de renoncer à vos vieilles habitudes destructrices et d'adopter un mode de vie plus positif.

Première partie

Comment tout a commencé
Mon point de vue

1.

C'est à Washington, bien loin de Hollywood où j'avais grandi, que j'ai pris conscience de l'image que j'avais de moi-même et du peu d'estime que je me portais. C'est là que j'ai perdu confiance en Elizabeth Taylor en tant qu'individu, là que s'est produit le déclic qui a changé mon existence. Je ne veux pas reprendre les habitudes destructrices qui étaient les miennes, et c'est pourquoi il me semble important de revenir à leur origine.

Quand je suis tombée amoureuse de John Warner, je savais parfaitement qu'il avait des ambitions politiques. Peu après notre mariage, William Scott, sénateur de Virginie, annonça qu'il allait prendre sa retraite, et je savais que John était décidé à se présenter. Premier obstacle à franchir, il lui fallait obtenir l'investiture du parti républicain, qui lui préféra Richard Obenshain. Malgré sa grande déception, John n'avait pas l'intention de disparaître de la scène politique, je le savais.

Puis en août, on apprit que Richard Obenshain avait été tué dans un accident d'avion. Me souvenant de la mort de Mike Todd, mon cœur était empli de compassion pour la famille Obenshain, mais c'est quand même à cause de ce terrible accident que John obtint l'investiture républicaine.

Les sceptiques s'en sont donné à cœur joie. Comment

une superstar allait-elle s'adapter au déroulement d'une campagne électorale, même si celle-ci se contentait d'apporter son soutien ? On vit se multiplier les théories expliquant pourquoi j'avais renoncé au monde du spectacle pour entrer en politique. Autant que je m'en souvienne, la plus flatteuse de ces conjectures laissait entendre que j'étais « coulée » à Hollywood. En réalité, c'était plus ma conviction personnelle que le déroulement de ma carrière qui avait motivé ma décision. John Warner était mon mari, je croyais en lui (je crois toujours en lui) et je voulais l'aider à atteindre son but. Je me faisais une idée très vieux jeu des devoirs d'une épouse et, dans la vie conjugale, j'ai toujours été très malléable. Je me suis totalement adaptée à l'existence de mon mari, de plein gré et avec joie. On peut me pousser, me bousculer, peu importe : j'ai une résistance infernale. Je dois toutefois reconnaître que, si quiconque, même un mari, dépasse les bornes, il se produit un déclic en moi, et notre relation se termine là.

Certains aspects de ma philosophie ont des échos d'avant le féminisme. On m'a élevée ainsi et je suis ainsi. A l'exception de la vie professionnelle, où toute inégalité de salaire est inacceptable, je crois que les hommes et les femmes sont différents. Et vive cette différence ! C'est probablement en raison de certaines attitudes un peu « vieillottes » que je me suis mariée si souvent. Au fond, je suis quelqu'un d'honnête. J'ai une certaine notion du bien et du mal, qui me rend toute aventure sentimentale difficile. Il faut vraiment que je sois amoureuse d'un homme pour coucher avec lui et, quand je suis vraiment amoureuse, je veux me marier.

Je crois que les hommes et les femmes sont différents. Et vive cette différence !

Je vis seule depuis cinq ans et j'ai le sentiment que le public m'approuve, mais, je l'ai déjà dit, je ne peux pas vivre pour satisfaire ce besoin qu'a le monde de m'imaginer toute noire ou toute blanche. Si je n'avais pas déjà retenu la leçon, je l'aurais reçue en plein visage quand, en 1961, j'ai failli mourir d'une pneumonie. Pendant un instant, j'avais cessé de respirer, et l'hôpital afficha un bulletin annonçant que tout était terminé. « Liz est morte », titrait un journal.

Pendant ma convalescence, j'ai été stupéfaite de ce que, me croyant morte, la presse avait publié. J'ai eu les meilleures critiques de mon existence ! Les gens, paraît-il, s'étaient arrêtés sur le bas-côté pour pleurer dans leur voiture ! Eh bien, je n'étais pas morte, et les médias se sont montrés beaucoup moins gentils quand, lors de la campagne de 1977, j'ai tenté d'être une partenaire à la hauteur.

L'entraînement et la discipline que j'avais acquis à Hollywood m'ont certes aidée à m'adapter à la vie politique. Je dois cependant reconnaître qu'en comparaison de ce qu'endurent les hommes politiques pour atteindre leur but, le métier de comédien est un jeu d'enfant. Ils n'ont ni caméra derrière laquelle se cacher, ni nouvelles prises, ni coupures finales. On pose les problèmes, on répond aux questions sans noyer le poisson. Retenir un scénario n'est rien à côté de savoir parfaitement organiser ses idées pour les exposer à la demande, avec conviction et intelligence. Jouer un rôle sur une scène ou à l'écran, c'est jouer et ce n'est que ça. Une campagne électorale vous expose plus que je ne l'ai jamais été durant toute ma vie de comédienne.

Quand je me suis lancée dans cette aventure avec John, j'avais, dans ce domaine, des notions d'une incroyable naïveté. Même quand j'eus compris qu'il fallait travailler vingt-quatre heures sur vingt-quatre, j'ignorais encore les dangers d'une fatigue permanente et d'une absence totale d'intimité. Comme beaucoup d'autres avant moi, je n'ai pas mesuré les conséquences des repas tardifs et mal équilibrés. Je suis devenue une adepte des en-cas pour « garder mes forces ». Je me suis mise à grignoter par-ci, par-là. Dépassant toute mesure, j'étais en permanence atteinte de « grappillomanie », expression inventée, dans notre enfance, par mon frère Howard, une sorte de version protestante du mot « boulotter [1] ». Howard et moi, nous nous ruions sur le réfrigérateur ou sur le placard, à la recherche d'un en-cas. Nous étions mus par une espèce de manie qui nous poussait à grappiller toute la journée. J'emploie ce terme pour évoquer ces repas supplémentaires, si nombreux quand nous étions sur les routes de Virginie. Cette manie de grignoter finit par remplacer toute alimentation raisonnable. Pendant les longues heures où j'attendais le déjeuner ou le dîner, je me jetais sur tout ce qui me tombait sous la main pour tenir le coup.

John était presque toujours occupé à préparer sa prochaine apparition en public, son prochain discours ou la cérémonie suivante, une succession interminable d'événements aussi indispensables qu'éprouvants. J'étais sa femme et je me tenais à ses côtés. Comme d'autres épouses d'hommes politiques que je connais, je grossissais sans vraiment m'en préoccuper. La seule chose qui comptait, c'était de gagner cette élection et, puisque je ne faisais pas mon métier d'actrice, il n'y avait aucune raison que je me soucie de mon aspect ou de mon poids.

---

1. Le terme anglais employé par l'auteur, « noshing », est d'origine yiddish.

Nombre de mes amis étaient convaincus que je ne tiendrais pas le coup

Pourtant, si l'on considère la façon dont je me suis nourrie pendant cette période, c'est un miracle que je n'ai pas explosé. Je n'exagère pas quand je dis que le parcours qui mène aux responsabilités politiques a « brisé » autant d'individus que Hollywood en a « détruit ». Cette élection avait canalisé toute mon énergie, toutes mes préoccupations. Je n'avais ni le temps ni la possibilité d'accéder aux divers luxes auxquels je suis habituée. J'avoue que j'aime vivre entourée de belles choses et que j'adore que l'on s'occupe de moi. Nombre de mes amis étaient convaincus que je ne tiendrais pas le coup. « Te rends-tu compte, Elizabeth, que tu devras te rendre dans le moindre patelin de l'Etat de Virginie et qu'on ne peut atteindre certains de ces patelins qu'en prenant des cars Greyhound ? » « Tu sais, Elizabeth, tu ne pourras pas emmener tes domestiques. » « Tu comprends, Elizabeth, tu n'auras pas de coiffeur. » John lui-même était inquiet. Avant notre départ, il m'a sérieusement parlé des exigences d'une campagne électorale, notamment de l'emploi du temps. Les rendez-vous, pris longtemps à l'avance, ne sauraient être annulés ni reportés, car quelques minutes perdues pouvaient désorganiser une journée entière. Etais-je vraiment capable de m'habiller, de me coiffer toute seule, de rouler dans autre chose qu'une limousine ? Et surtout, serais-je à l'heure ? Eh bien, j'allais leur montrer. Je me suis levée à l'aube, je suis montée dans les cars et j'ai fait tout ce que l'on me demandait. Je leur ai montré que mes arrière-grands-parents m'avaient légué ce rude caractère de pionnier qui leur avait permis de traverser le pays en chariot et, comme eux, je me remontais le moral à coups de bons vieux plats à haute teneur calorique. Manger, me semblait-il, même des steaks hachés et des frites était le seul luxe qui me restait.

Ce que l'on exigeait de moi était parfois compréhensible, parfois complètement stupide. Un beau jour, une délégation du parti républicain vint m'annoncer que je ne pourrais plus porter de rouge pourpre.

« Que voulez-vous dire ? ai-je demandé. Depuis que je suis née, le rouge est ma couleur préférée. J'ai probablement eu des couches rouges. Voulez-vous me dire pourquoi je ne peux plus m'habiller en rouge ?

— Eh bien, Mrs. Warner, heu... Vous voyez, le rouge est signe de passion.

— Et qu'est-ce que ça peut faire ? »

Après que l'on eut beaucoup bafouillé, l'un d'entre eux s'écria :

« Et n'oubliez pas, Mrs. Warner, que la plupart des gens associent le pourpre à la royauté.

— Et aloooors ? fis-je innocemment.

— Eh bien, nous ne voulons pas que quiconque puisse tirer des conclusions du fait que vous portiez du rouge. »

S'ils n'avaient pas été si sérieux, j'aurais éclaté de rire. Le parti républicain hésitait : allait-on me prendre pour une putain ou pour la reine d'Angleterre ? Mais, si stupide que fut cette requête, j'ai cessé de porter du rouge. Je ne voulais pas faire de vagues ni mettre mon mari dans l'embarras. Je mis de côté les superbes ensembles achetés chez Halston et j'ai commandé des petits tailleurs sages et républicains. Personne ne m'a demandé si j'avais envie de changer mon image. Et je ne me suis même pas rendu compte que je commençais à perdre mon identité.

Cette saga se termina d'une façon délicieuse. A la fin de mon aventure washingtonienne, après que j'eus, de nombreuses fois, collecté des fonds pour le parti républicain, les dames du parti organisèrent un cocktail en mon honneur. Pour leur montrer que la vieille E. T. était encore bien vivante et capable de se rebiffer, j'ai porté un tailleur pantalon rouge pourpre, qui venait de chez Halston, et je leur ai raconté l'anecdote concernant ma garde-robe.

« Mesdames, ai-je conclu, c'est en votre honneur que je porte aujourd'hui cet ensemble. »

Certains problèmes ne furent pas aussi heureusement résolus. Quand John et moi, nous sillonnions les routes, je serrais deux mille mains par jour. J'ai encore une veine gonflée à l'index droit qui est là pour en témoigner. L'os fut cassé et le saignement qui s'ensuivit fit enfler ma veine. A la fin de la campagne, mon doigt était dans un tel état que j'ai dû porter un pansement protecteur. Le majeur était maintenu en l'air, et je me suis beaucoup amusée à agiter cette main au moment opportun. J'ai gardé ce bandage la plupart du temps, ne l'ôtant que pour les grandes réceptions en priant le ciel de ne pas être obligée de saluer un trop grand nombre de sympathisants. Dans l'ensemble, les gens comprenaient la situation. Mais, plus tard, j'en ai entendu se plaindre de me voir garder obstinément les bras derrière mon dos et refuser de leur serrer la main. Quand, à force de rester debout, la peau de mes plantes de pied s'est déchirée, j'ai tenu le coup en reprenant des frites et un peu de glace pour garder le sourire. Si j'avais été militaire, on m'aurait certainement donnée le *Purple Heart*[1]. Les chaussures ensanglantées, je distribuais des diplômes, des prix aux plus belles têtes de bétail. Debout derrière un rideau de scène, j'ai même reçu des tartes à la crème ! Je devais sans cesse me battre contre les photographes qui me suivaient partout, y compris dans les toilettes publiques. En réalité, ce qui fut le plus dur

1. Décoration créée par George Washington en 1782 (*purple* = pourpre).

dans cette campagne électorale, épreuve que même le chocolat chaud ne put adoucir, ce fut l'absence de toute intimité.

Plus la tension physique augmentait, plus je dévorais. Des plats tout préparés, mauvais pour la santé. Quand on est sur les routes avant l'aube, on grignote ce qu'on a sous la main et, en général, ça dégouline de graisse et c'est calé entre deux tranches de pain. A la fin de la journée, on se retrouve dans un hôtel où la nourriture, sans être de la grande cuisine, a au moins quelque valeur nutritive. Cela dit, j'étais le plus souvent trop fatiguée pour manger intelligemment.

Le fameux incident de l'os de poulet ne fut qu'une conséquence normale de la manière anormale dont je devais me nourrir. John et moi, nous assistions à un buffet à Big Stone Gap, en Virginie, et nous nous trouvions au milieu des invités. Puis nous nous sommes tous deux rendus à la cuisine pour féliciter le chef. Ce fut alors que je pris un morceau de poulet frit sur un plateau et y mordis à belles dents. Un os se planta dans ma gorge, et j'avais le plus grand mal à respirer. J'ai tenté de le déloger en me bourrant de pain. Quand il parut évident que j'étais très mal en point, on me conduisit à toute allure à l'hôpital de Lonesome Pine, où un chirurgien le retira enfin. Comme on pouvait s'y attendre, les titres des journaux furent féroces. Naturellement, on m'a demandé si j'avais vu l'émission télévisée où John Belushi [1], les yeux fardés de khôl, en costume de travesti, singeait l'incident. Oui, je l'ai vu et j'ai ri. Il était très drôle. Quelle ironie et quelle tristesse que ce jeune homme talentueux ait ridiculisé mes excès avant de mourir des siens !

Chen Sam, mon amie et mon agent publicitaire, nous accompagna, John et moi, pendant la campagne, et nous servit de secrétaire particulière. Elle aussi succomba au

1. Comique à l'humour grinçant, mort d'une overdose.

syndrome du grignotage. A la fin de la période électorale, nous avions toutes deux rudement grossi. Je ne parlerai pas de Chen, cet ouvrage ne traite que de mon cas. Il existe cependant une photo prise au festival des Pommiers en fleur de Shenandoah. Nous portons toutes deux une robe verte et nous sommes si rondes, si fermes et si bien emballées qu'on dirait deux Granny Smith ! (N.B. : Chen a suivi mon régime et, aujourd'hui, elle est mince comme un fil.)

Cette campagne fut plus éprouvante que tout ce que j'avais fait dans ma propre carrière, mais je dois reconnaître que ce fut aussi une expérience exaltante. En public, je pouvais me permettre d'être spontanée parce que je travaillais pour quelqu'un d'autre et que les Virginiens sont des gens merveilleux. Ils m'ont accueillie et souvent soutenue avec une telle générosité que je me suis toujours sentie à l'aise. Il m'arrive encore de recevoir des petits mots chaleureux : « Vous nous manquez, c'était tellement formidable quand vous viviez en Virginie ! » Aucun ne m'a dit : « Comme vous avez bien fait de maigrir, vous étiez si grosse à cette époque ! » Pendant la campagne, Chen me l'a raconté, les commentaires allaient bon train à la sortie des meetings. Les gens disaient que j'étais quelqu'un de bien, d'humain et de très abordable.

Ils furent beaucoup plus gentils que les médias, de nombreux exemples sont là pour en témoigner. Après cette élection, l'industrie du spectacle me donna le prix du « Trouper of the Year [1] ». Je pris l'avion pour New York pour assister à la cérémonie. Au dîner, on me présenta comme Elizabeth Taylor-Hilton-Wilding-Todd-Fisher-Burton-Burton-Warner. J'étais ébahie. Après tout, ce n'était pas une critique, mais je ne sais quelle étrange raison poussa ce présentateur malavisé à débiter la liste

1. Sorte de prix Orange, auquel s'ajoute un critère de professionnalisme.

des noms de mes maris. Pourquoi se conduire ainsi ? Partant du principe que, parce que je suis célèbre, je n'ai aucun sentiment ? Jamais les électeurs de Virginie ne se comportèrent avec une cruauté aussi gratuite.

Le 7 novembre 1978, John Warner fut élu sénateur des Etats-Unis. La première année de notre mariage, nous avons affronté ensemble les temps forts de cette campagne, ne visant qu'un seul but : un siège au Sénat. Je ne saurais vous dire à quel point j'étais fière de lui... oui, et de moi. Quand John prit ses fonctions et prêta serment devant le vice-président Walter Mondale, ce fut l'un des plus beaux moments de mon existence. Je ne me rendais pas encore compte que c'était aussi le début de la fin de mon mariage.

Comme bien des gens, l'idée que je me faisais de la vie dans la capitale reposait sur bon nombre de films du genre *Mr. Smith au Sénat*[1]. Je m'attendais sans doute à une sorte de pays enchanteur où je pourrais aider mon mari dans ses fonctions, tout en continuant à œuvrer pour le bien non seulement de la Virginie, mais du pays tout entier. Je n'avais pas la moindre idée de ce qui se passerait dès que John Warner aurait pris ses fonctions.

Le rôle d'une femme de sénateur est totalement débilitant. Je suis pleine d'admiration pour celles qui parviennent à tirer leur épingle du jeu et je compatis avec celles qui n'y parviennent pas. Ce fut mon cas, et je ne me considère pas comme une faible femme. Après avoir tout partagé avec mon mari pendant la campagne, je me suis retrouvée, après son élection, dans une sorte de Sibérie domestique. John s'est consacré à sa tâche avec dévouement et, contrairement à la période préélectorale, cet intense engagement ne pouvait plus être partagé. Je n'avais donc plus de fonction, pas même décorative. Non seulement on n'entend pas la femme d'un sénateur, mais

1. *Mr. Smith goes to Washington,* Frank Capra, 1939.

on ne la voit pas non plus. Certaines ne viennent même pas jusqu'à Washington, restant dans leur Etat d'origine. Les jeunes femmes qui ont une famille ont au moins des enfants qui occupent leurs journées. Les miens, Michael et Christopher Wilding, Liza Todd et Maria Burton, étaient tous grands et parfaitement capables de se prendre en charge, eux et leurs familles respectives. Une telle vie est éprouvante même pour un vieux couple. Or nous venions à peine de terminer notre lune de miel.

Jamais, de toute mon existence, je ne me suis sentie aussi seule que lorsque j'étais Mme l'épouse du sénateur et je ne blâme pas mon ex-mari pour cet état de fait. C'était un homme entièrement dévoué au service public, il n'a jamais prétendu le contraire, et une fois qu'il s'y est consacré pour de bon, j'ai bien dû me résigner à passer au second plan, après sa circonscription. Ce qui, après le temps fort de la campagne électorale, a failli me détruire.

John partait tôt le matin. Il prenait son petit déjeuner pendant le trajet, emportant de quoi manger dans un sac de papier brun, qu'il enfouissait dans sa mallette. Je lui disais au revoir et je retournais dormir. Je n'avais aucune raison de me lever. Je ne devais aller nulle part. Plus tard, je me levais, m'habillais, puis je lisais, je regardais la télévision ou les murs, ou je ne faisais rien du tout.

Je n'avais aucun recours et, bien que je me sois consacrée au plus grand nombre d'activités bénévoles possibles, je n'avais aucune obligation quotidienne. Les réunions mensuelles des épouses de sénateurs, les visites aux hôpitaux, particulièrement dans les salles réservées aux enfants et aux malades mentaux, telles étaient mes principales activités. J'aimais beaucoup consacrer du temps aux enfants mentalement attardés. Ils ne savaient pas qui j'étais, et c'était le cadet de leurs soucis. Ils m'aimaient simplement parce que je les aimais. Au bout de quelque temps, j'ai organisé des séminaires sur le métier de comédienne. Mes étudiants, j'en suis certaine, ont dû être horrifiés par mon apparence physique, mais le théâtre les intéressait, et ils m'ont jugée sur les propos que je leur tenais, non sur mon aspect. J'ai fait à peu près quarante-cinq séminaires en cinq ans, ce qui ne constitue pas une activité démentielle pour quelqu'un qui était habitué à des emplois du temps surchargés.

Si les journées étaient pénibles, les soirées étaient encore plus solitaires. John rentrait vers sept heures trente ou huit heures, avec des piles et des piles de dossiers. Je ne pouvais pas prévoir de dîner, ne sachant jamais à quelle heure exacte il serait là. La plupart des foyers des élus au Congrès connaissent les mêmes problèmes. La vie mondaine est très limitée à Washington. On est invité à quelques cocktails. Les démocrates ont leurs réceptions et les républicains les leurs. Les petites réunions intimes sont rares. Les choses se passaient de la même façon autrefois, à Los Angeles, quand il n'y avait qu'une seule industrie et que l'on ne parlait que de films ou de cinéma. Pour Mike Todd, ces conversations mondaines et hollywoodiennes n'étaient qu'une sorte d'« inceste mental ». On pourrait dire la même chose de la société de Washington.

John et moi, nous n'avons jamais reçu personne et nous ne sommes sortis que fort rarement.

« Pourquoi ne montes-tu pas regarder la télévision, Pooters — c'était le surnom qu'il me donnait —, me disait-il presque chaque soir, j'ai tant à faire que je ne sais pas quand j'aurai terminé. »

Tel était le rythme de mon existence. Je n'aurais pu imaginer musique plus discordante. Ni John ni moi n'étions à blâmer. Je ne me disais pas : « Mon Dieu, qu'ai-je fait ? » En ce sens, mon amour-propre n'en souffrit pas. Je ne considérais pas cela comme un rejet de la part de John, en tout cas pas consciemment. John n'en faisait ni plus ni moins que n'importe quel sénateur. Mais je ne supportais pas cette solitude pesante, cette absence de partage avec l'être au monde avec lequel je désirais le plus partager.

Si j'avais abusé de divers aliments frits et malsains pendant la campagne, ce n'était rien en comparaison des excès dus au désœuvrement. On ne peut avoir le beurre et l'argent du beurre. Moi, j'avais le beurre, le poulet frit et la purée de pommes de terre. C'est en mangeant que je passais le plus agréablement mes longues heures de solitude, et je mangeais avec abandon. Quand j'ai grossi, je me suis contentée d'acheter d'autres vêtements, et ce cher Halston a continué à me fournir des ensembles pantalons, évitant le rouge pourpre, tandis que je gravissais l'échelle de l'embonpoint. Peu m'importait ce dont j'avais l'air. Je n'étais qu'une femme de sénateur comme les autres. Je m'habillais comme n'importe quelle épouse d'homme politique, et qui se préoccupait du corps sous ces vêtements ? J'étais comme tout le monde. Cela me fascinait de me fondre dans la masse. Jeune fille, j'avais essayé et j'avais échoué lamentablement. A présent que j'avais atteint l'âge mûr, j'allais une fois de plus tenter d'être comme tout le monde. Ce fut un échec. On ne m'accueillit pas au sein de la grande famille politique, et ma silhouette alourdie attirait davantage l'attention des médias. J'avais fait un beau gâchis de moi-même et je ne le savais pas encore.

J'avais perdu un des éléments essentiels du respect de soi : la fierté

Mon mari et moi avons toujours été bons amis (nous le sommes encore davantage, à présent), mais nous avions, dans notre ménage, atteint le point de non-communication. Bien que nous vivions sous le même toit, John suivait son petit bonhomme de chemin, et moi le mien. Il mettait le cap sur le Sénat. Quant à moi, je me dirigeais tout droit vers l'autodestruction.

Je ne me contentais pas de grossir. Les kilos n'en étaient qu'une manifestation extérieure. Jusque-là, un sens très fort de ma propre valeur et de mon identité m'avaient permis de traverser des périodes très dures. Mais, en 1979, je ne savais plus où j'allais. Je m'effondrais totalement. Pour la première fois de ma vie, j'avais perdu l'un des éléments essentiels du respect de soi : la *fierté*.

Pendant longtemps, j'ai fermé les yeux pour ne plus voir que ce que je voulais voir. Je me suis leurrée en regardant mon corps avec ce que j'appelle des « yeux d'obèse ». J'ai la conviction que certains obèses ont la même vision déformée d'eux-mêmes que les anorexiques. Quelque squelettiques qu'ils soient, ces derniers se voient gros. Je dois admettre que je n'ai jamais pu me leurrer totalement. J'évitais les miroirs, mais les photographies me montraient de plus en plus grosse, et mon cerveau enregistrait ces images. « Mon Dieu, il faut cacher ce ventre et ces cuisses », murmurait une petite voix au fond de ma conscience. Mais ce n'était encore que très superficiel.

« Je sais ce que je fais. Je traverse une phase. Il faut que je sois prête pour commencer un régime et, si vous m'y poussez, dès que vous aurez terminé votre sermon, j'irai me jeter sur du chocolat chaud », répondais-je à ceux qui voulaient m'aider.

Je tirais la langue au monde entier. Etant en butte à tant de plaisanteries, je prenais les devants en me moquant de moi-même. Les gens gros rient beaucoup, de sorte qu'on pense qu'ils s'en fichent. Ce n'est pas vrai. « Qui rit dehors pleure dedans », telle est la devise des Bibendum. Non seulement je pleurais, mais j'étais aussi en train de mourir. Je n'en ai jamais rien dit parce que je ne voulais pas qu'on le sache.

Malheureusement, nombreux furent ceux qui prirent

mon silence pour un permis de cruauté. Les comiques se moquèrent de mon apparence physique, trouvant matière à sketches et à bons mots. Ils me poursuivirent alors que j'étais vulnérable. Le public adore déboulonner ses idoles, je l'ai déjà dit. J'ai été une star adulée et, quand j'ai grossi, le public fut tantôt excité tantôt triste. Si Elizabeth Taylor était devenue comme ça, c'était à la portée de tout le monde, et cela semblait en réconforter beaucoup. Je comprenais cette espèce de fascination : mon aspect m'étonnait moi-même. Ce que je n'arrive toujours pas à comprendre, c'est la cruauté délibérée. Les plaisanteries méchantes n'avaient souvent d'autre but que de faire rire de mon infortune.

« Si j'avais pensé un seul instant que mes propos blesseraient Elizabeth Taylor, j'aurais cessé. Elle a le sens de l'humour. Je croyais qu'elle aussi trouverait mes plaisanteries drôles », déclara après coup un comique qui faisait des gorges chaudes de mon embonpoint.

Je ne marche pas. Ces gens-là savaient parfaitement qu'ils me faisaient du mal.

Il y a quelque temps, j'ai participé à un gala de bienfaisance avec Joan Rivers [1], l'une des premières à prendre ma corpulence pour cible.

« Elizabeth, vous êtes superbe ! Demandez-vous pourquoi j'ai dit tout ça de vous quand vous étiez grosse, me dit-elle en me prenant la main, au moment de partir.

— Certainement », lui ai-je répondu en essayant de me dégager.

— Non, non, je suis sincère. Je veux que vous réfléchissiez aux raisons pour lesquelles je l'ai fait, insista-t-elle sans lâcher ma main.

— D'accord, Joan, j'y réfléchirai », répondis-je, puis je lui ai retiré ma main et je suis partie.

---

1. Animatrice de télévision qui fait de l'humour aux dépens des autres.

Je n'avais nul besoin de réfléchir. Je savais ce qu'elle sous-entendait. Elle s'accordait le mérite des kilos que j'avais perdus. Je ne crois pourtant pas que l'on puisse justifier sa cruauté en la transformant en bienfait. On s'est moqué de mon embonpoint parce que cela faisait rire, point final !

Finalement, j'ai maigri parce que je me suis forcée à regarder la réalité en face. Je me demande encore comment j'en ai trouvé le courage. Dans notre maison de Washington, les miroirs en pied se trouvaient dans le vestiaire, derrière des portes généralement closes. J'en avais décidé ainsi. J'utilisais des miroirs de poche pour me maquiller et j'évitais scrupuleusement de regarder mon buste. Mais, un jour, je suis sortie du bain, je suis entrée dans le vestiaire et j'ai ouvert les portes du placard. Je me suis vue de la tête aux pieds. J'ai aperçu mes formes sans parvenir à y croire. J'étais obèse.

« Mon Dieu, il faut cacher ce ventre et ces cuisses »

Il est difficile de comprendre comment on peut se laisser aller ainsi sans accepter la vérité. Malgré les plaisanteries, malgré les photos peu flatteuses, je considérais encore mon « image » comme acquise. Après tout, me disais-je, le miroir ne reflète que ma coquille, non mon moi véritable. Je faisais comme si j'étais restée intérieurement la même, bien que la forme de mon corps ait changé. Mais, devant mon corps nu et, ce qui est plus significatif encore, devant mon regard malheureux, je me suis rendu compte à quel point je m'étais aveuglée sur mon état. Là, dans le miroir de mon vestiaire, j'ai vu Elizabeth Taylor telle qu'elle était et, bien que j'aie toujours distingué l'image publique de la personne privée, je me suis aperçue que mon reflet correspondait aux deux. Je ne parvenais pas à détacher mon regard de cet horrible spectacle. Et je ne pouvais pas non plus m'empêcher d'y superposer la jeune femme que j'avais été, l'ardente adolescente du *Grand National*, la séductrice de *La chatte sur un toit brûlant*, la noble tentatrice de *Cléopâtre*[1]. Mais, plus je fixais le miroir, plus l'affreuse vérité me sautait aux yeux.

Je ne me suis jamais trouvée belle. J'ai toujours considéré mes atouts physiques comme un don, un don génétique. Là, j'étais face à quelqu'un que je ne reconnaissais pas, quelqu'un qu'en fait je ne voulais pas connaître... et ce quelqu'un, c'était moi. Ce que ce miroir m'a appris, les bons mots des comiques, les gros titres des journaux n'avaient pas réussi à m'en faire prendre conscience : je ne me respectais plus. J'avais couvert mon image de graffiti. J'avais littéralement rejeté mon don. Je n'étais plus ce produit qui avait tant rapporté, je n'étais plus l'une des « plus belles femmes du monde » et, pis que tout cela, je n'étais même plus Elizabeth Taylor, celle que je connaissais.

Comment diable en étais-je arrivée là ? Et comment, avec l'aide de Dieu, allais-je m'en sortir ?

C'est parce que j'ai admis cette réalité que s'est produit le déclic initial.

Je ne voulais pas accepter la caricature grotesque que j'étais devenue. J'ai alors décidé de renoncer aux excès responsables de cette situation. Et pour ce faire, je savais qu'il me faudrait passer toute ma vie au crible et me remémorer les épisodes qui m'avaient amenée jusque-là. J'ai prié pour qu'agissant ainsi, je parvienne à me sauver.

---

1. *Cleopatra,* de Joseph Mankiewicz, 1962-1963.

2.

Je suis née le 27 février 1932 et j'ai survécu à presque six décennies. Chaque période fut marquée par des événements particuliers, qui sont le reflet de leur époque. Les années trente furent dominées par la grande crise, les années quarante par la Seconde Guerre mondiale, les années cinquante par la croissance qui suivit la guerre, les années soixante par la prise de conscience des problèmes de notre société, les années soixante-dix par les thèmes de la « génération du moi » et les années quatre-vingt par ce qui m'apparaît comme un retour à la discipline personnelle. Les événements qui se produisirent au cours de ces quelques décennies influencèrent ma vie comme celle des autres, bien que, dans la mesure du possible, j'aie essayé de choisir ma voie.

Mes parents s'étaient installés en Grande-Bretagne et ne rentrèrent aux Etats-Unis que lorsque la guerre menaça en Europe. Si j'avais grandi en Angleterre, ma vie aurait été complètement différente. C'est parce que nous sommes venus vivre à Los Angeles que je suis devenue une vedette de cinéma. Bien sûr, je n'ai pas mené une existence ordinaire. J'étais soumise à de terribles exigences, surtout sur le plan affectif. Enfant et adolescente, des millions de gens m'ont vue, qui pensaient me connaître après m'avoir aperçue à l'écran ou après avoir lu quelque article dans un journal ou un magazine. Les tensions qu'engendre ce type de vie ont démoli certains de mes camarades, des artistes doués et des individus profondément bien. Ils se sont laissé faire par la presse et ont modelé leur existence selon l'opinion des médias. Ils ne se demandaient jamais : « Qu'est-ce que je ressens, moi? Qu'est-ce que j'en pense, moi? Qu'est-ce que je veux, moi? » Ils se considéraient comme la propriété des studios. Je n'ai jamais été ainsi. Même enfant, je tenais à décider de mon destin.

Je suis très observatrice. J'ai presque autant appris de mes observations que de mes véritables expériences, bien que ce n'ait pas toujours été facile. Voir sans être vu est un luxe quand on est célèbre. C'est pour cette raison que j'aime tant me rendre en Chine ou en Afrique, où personne ne me reconnaît. Pourtant, même aux Etats-Unis, où je suis souvent un objet de curiosité, j'ai essayé de regarder, d'écouter et d'apprendre.

Quand j'étais enfant, c'était plus simple. Personne ne remarquait que j'étais un « petit mur » avec de « grandes oreilles ». Quand j'ai commencé à travailler pour les studios, j'ai vu ce qu'il advenait de bien des beautés dont l'image personnelle ne se distinguait pas de celle projetée sur l'écran. Dès que leur personnalité de cinéma ne trouvait plus d'emploi, elles disparaissaient complètement. J'avais à peine dix ans que j'avais déjà résolu de dissocier l'idée que je me faisais de ma propre valeur de l'image publique d'Elizabeth Taylor, enfant star. C'est une leçon que je n'ai jamais oubliée et qui peut servir à toutes les femmes, qu'elles travaillent, qu'elles soient femmes au foyer, mères ou n'importe quelle combinaison des cas précédents. Si l'image que l'on a de soi dépend de soi et non du rôle que l'on s'impose, on a le sens de l'anticipation, on va de l'avant.

J'avais neuf ans quand j'ai tourné mon premier film, *There's one born every minute*[1] pour Universal Pictures. Ma longue association avec la Metro-Goldwyn-Mayer ne commença qu'avec mon deuxième film, *La Fidèle Lassie*[2], et c'est par hasard que l'on me confia ce rôle.

Mon père, qui était préposé à la défense passive à Los Angeles, fit un soir sa ronde avec Sam Marx, l'un des coscénaristes de la MGM. Marx dit à papa que la Metro avait terriblement besoin d'une jeune Anglaise pour un film dont la production était en train. C'était *Lassie.* La MGM avait engagé Maria Flynn, l'adorable petite fille d'*Intermezzo,* mais en attendant que son partenaire, Roddy McDowall, ait terminé un autre film, Maria Flynn avait poussé comme un champignon — ce qui est fréquent chez les adolescentes — et réduit les garçons de son âge à l'état de nains (Roddy disait qu'à côté d'elle il se faisait l'effet d'un avorton). Il fallait, de toute urgence, trouver une demoiselle un peu plus petite. Plus tard, mon père raconta, sans aucune arrière-pensée, cette histoire à ma mère. Celle-ci se précipita chez Sam Marx pour l'informer qu'ils avaient une jolie petite fille qui avait déjà travaillé pour Universal. Ma mère ne jugea pas nécessaire de préciser que le studio n'avait pas renouvelé mon contrat. D'après le directeur du casting, chez Universal, j'avais une « âme vieille » et les « yeux tristes ». Ce monsieur pensait tout simplement que je « n'avais pas l'air d'un enfant ». Sam Marx suivit les conseils de ma mère et proposa mon nom. Je fis donc des essais et je fus engagée par la MGM.

Roddy se souvient de notre première rencontre :

« ... Tu étais parfaite, une exquise petite poupée, les traits, le teint, la forme du visage. Tu étais la créature la

1. Film de Harold Young, 1942.
2. *Lassie Come Home,* de Fred Wilcox, 1941.

plus parfaitement belle que j'aie jamais vue, et j'ai éclaté de rire parce que tu... tu n'en étais absolument pas consciente. »

Même enfant, je tenais à décider de mon destin

Il se souvient aussi que le premier jour, sur le plateau, le cameraman, Len Smith, me demanda de retourner au maquillage pour que l'on ôte mon mascara. J'avais dix ans. Je n'en portais pas. C'était la première fois que quelqu'un remarquait ma double rangée de cils.

Roddy McDowall a toujours flatté mon ego. Il croit que la beauté est une forme d'art. D'après lui, « certains ne savent pas porter leur beauté, qui finit par s'évanouir. D'autres la portent avec beaucoup d'aisance ». Roddy prétend que j'appartiens à la seconde catégorie. Il parle de ma « dignité », un élément indispensable à ses yeux. Nous avions une dizaine d'années quand, sur la route de Palm Springs, où nous devions assister à un gala de bienfaisance, le car tomba en panne au beau milieu du désert. Il y avait beaucoup d'autres passagers, se souvient Roddy, y compris un groupe de « jolies minettes ». Nous avons attendu dans la chaleur étouffante du désert, et Roddy jure que j'étais la seule à ne pas transpirer.

Avec l'âge, le caractère agit sur le physique

Il est persuadé que ma capacité à rester tranquille, à m'asseoir sans bouger, a magnifié mon image. Quand j'étais jeune, je considérais mon apparence physique comme faisant partie du métier. Si l'on parlait de mon visage dans un autre contexte, je me sentais mal à l'aise. Je ne me trouve pas et je ne me suis jamais trouvée « belle ». C'est à ma mère que je dois cela, en partie du moins.

« Elizabeth, tu as de très jolis yeux, mais les yeux ne sont que le reflet de l'âme. N'oublie jamais que la véritable beauté est intérieure », me disait-elle dans mon enfance, pour peu que l'on vantât mes qualités physiques.

Elle attachait tant d'importance au caractère qu'elle ne m'a jamais permis de me préoccuper de mon apparence. Elle citait souvent cette phrase d'un Français : « A vingt ans, une femme a le visage avec lequel elle est née, à quarante celui qu'elle mérite. »

Je suis d'accord. Quand on est jeune, la seule beauté physique suffit à vous entraîner. Avec l'âge, le caractère agit sur le physique. Un caractère doux et calme adoucit les lignes et atténue un menton empâté. Une personnalité égoïste et dure peut faire oublier les traits les plus parfaits.

Lassie fit un tabac, et ma mère sauta sur l'occasion pour me faire remarquer que mon succès, comme mon apparence, ne durerait que si j'avais du caractère. Et, croyez-moi, pour garder sa fierté à la MGM, à cette époque-là, il en fallait beaucoup. Ils étaient persuadés qu'ils avaient fait ma carrière et que mon contrat leur permettait de me réduire en esclavage, au sens propre du terme ! Ma vie ne m'appartenait plus. Heureusement, j'avais une sacrée personnalité ; cela m'a permis de traiter avec les patrons de studio les plus tyranniques, tel Louis B. Mayer. Même à douze ans, je savais me montrer aussi têtue que lui. Bon nombre de mes amis en étaient incapables. Je défiais le studio, ne laissant personne me marcher sur les pieds. Judy Garland ne répliquait jamais. Elle obéissait aux ordres. Ils bourraient cette malheureuse fille de comprimés pour l'empêcher de dormir, pour la faire dormir et pour l'empêcher de grossir. Judy, qui était passionnée, aimante et confiante, ne mettait jamais en doute les motivations de la société.

Grandir à Hollywood, cela ne ressemble en rien à l'existence brillante dont on parle dans les magazines. Tout était apparence. J'avais la chance d'avoir un bon physique et d'être à l'aise devant la caméra. Mais ce qui se passait sur l'écran n'avait rien à voir avec la réalité. On travaillait dur, au moins six jours par semaine. Dès l'âge de neuf ans, j'ai vu en moi deux personnes distinctes : Elizabeth Taylor l'individu et Elizabeth Taylor le produit. J'ai compris qu'il y avait une différence entre mon image et mon moi réel. Après tout, j'existais avant de faire des films et, quoi que le public pense de moi, je savais qui j'étais vraiment. J'ai donc décidé, très jeune, que ma responsabilité envers le public commençait et finissait avec mon travail devant la caméra.

Sur l'écran, je sillonnais les marais, à la recherche de Lassie, et je courais le Grand National. Dans la réalité, je ne pouvais pas m'amuser comme les autres enfants. J'étais soumise à trop de contraintes. Mon emploi du temps était surchargé et ma vie hyperdisciplinée. Quand je tournais un film, je devais être sur le plateau, prête à intervenir. Et quand je n'étais pas devant la caméra, j'allais à l'école sur place. Je me levais tôt le matin et je montais à cheval à Riviera, avant de retourner au studio. Après cette séance d'entraînement, ma mère m'emmenait chez Tipps, un restaurant où je prenais un petit déjeuner campagnard, composé de deux œufs frits, de petits pâtés, de pommes de terre sautées et de *pancakes* recouverts de sirop d'érable. Et je n'ai *jamais* pris un gramme. Enfant, adolescente et jeune femme, je n'avais aucun problème de poids. J'ai toujours eu un excellent appétit. Je pourrais encore aujourd'hui avaler ces énormes petits déjeuners que préparait Tipps. Cela dit, je ne tenterai pas l'expérience !

Quand j'y pense, entre les exigences du studio et la discipline que m'imposaient mes parents, j'ai eu une enfance impossible. Mais cela ne m'a pas endurcie. Je suis convaincue que c'est à force de volonté que j'ai obtenu mon rôle dans *Le Grand National.* J'avais lu le livre d'Eric Bagnold et je désirais plus que tout incarner Velvet Brown. La MGM avait acquis les droits du roman. Ma mère et moi, nous sommes allées voir le producteur, Pandro J. Berman, et nous l'avons supplié de penser à moi pour le rôle. Je m'identifiais complètement à l'héroïne qui, déguisée en garçon, participait au Grand National. Mais, à onze ans, j'étais trop frêle pour être crédible dans ce déguisement. Ma taille exceptée, tout plaidait en ma faveur. Née et élevée en Angleterre, mon accent était irréprochable, et j'étais une cavalière accomplie. Dans mon esprit, j'étais Velvet Brown. Mais M. Berman m'examina et, tout à trac, me déclara que j'étais trop petite. Je n'ai pas abandonné la partie pour autant. Je me suis lancée dans un régime de trois mois pour gagner quelques kilos et quelques centimètres. Les magazines de cinéma sont là pour l'attester. Par miracle, j'ai grandi de presque sept centimètres et grossi de quatre kilos et demi.

C'était peut-être tout à fait naturel, mais je reste persuadée que c'était à force de volonté que j'avais grandi et décroché ce rôle. Vous ne trouvez pas ça étonnant ? Quand j'ai décidé quelque chose, je fais toujours preuve d'une grande détermination. Cette obstination, appelez ça de l'entêtement si vous voulez, fait autant partie de moi que la couleur de mes yeux. Ce dont je ne m'étais pas rendu compte, c'était que, pour obtenir ce rôle, je devrais signer un contrat avec la MGM. Je ne savais pas alors où je mettais les pieds (ni quel esclavage m'attendait), mais j'aurais fait n'importe quoi pour interpréter Velvet Brown, sauf vendre mon âme au diable.

« *Vous et votre studio, vous pouvez aller au diable !* »

Pendant le tournage, je me suis heurtée à une autre volonté. Clarence Brown, le réalisateur, était d'avis qu'il fallait réellement me couper les cheveux pour la scène où Velvet apparaissait en jockey, cheveux courts, pour que celle-ci fût crédible. Mon père refusa tout net. Suivant son conseil, ma mère et moi, nous avons insisté pour qu'on me laisse relever mes cheveux et les dissimuler sous une perruque. Brown déclara que ce ne serait pas assez réaliste et m'ordonna de revenir la tête rasée. Furieuses, nous avons quitté le plateau et nous sommes parties à la recherche de Sidney Guilaroff, qui était responsable des coiffures. Notre amitié remonte à cette époque. Sidney me dit de ne pas m'inquiéter. Il « s'occuperait de tout ». Il demanda une perruque semblable à mes cheveux, qu'il coupa court pour que je ressemble à un garçon. Il arrangea avec art cette perruque sur ma tête, et je revins sur le plateau où m'attendait Clarence Brown.

Brown m'examina, hocha la tête et dit :

« Voilà ! Il faut que ce soit comme ça. Tu vois, Elizabeth, il était nécessaire de te couper les cheveux pour que cette scène soit crédible. »

Clarence Brown mit un certain temps à s'apercevoir de la supercherie. Mais à ce moment-là, il était content, moi aussi, mes parents aussi, et Sidney était enchanté d'avoir prouvé que les réalisateurs ont parfois des préjugés qui ne reposent sur rien.

Je dois reconnaître que j'étais une enfant précoce. Il y avait en moi quelque chose qui n'avait rien d'enfantin. C'est amusant, mais, d'une certaine façon, le responsable du casting d'Universal, qui ne m'avait pas engagée, avait raison. J'étais exceptionnellement mûre. Etant donné la vie que je menais, comment ne l'aurais-je pas été ? J'ai grandi entourée d'adultes et avec des responsabilités d'adulte. Ma mère était à mes côtés, mais, plus les années passèrent, plus je dus faire front et lutter par mes propres moyens. Une scène avec Louis B. Mayer me revient en mémoire. J'avais alors à peine une dizaine d'années. Ma mère et moi étions entrées dans son bureau pour discuter des conditions d'un film. L. B. n'aimait pas la discussion. Il préférait donner des ordres. Il avait un caractère épouvantable et se laissait aller à des rages qui terrorisaient ses employés. Même certaines stars mondialement connues le redoutaient. La plupart se pliaient à ses exigences, les autres s'en allaient ou se faisaient virer. A cette époque, il était fort risqué de partir en claquant la porte. En rompant un contrat avec un studio, on se fermait la porte de tous les autres.

Le jour où je suis entrée dans le saint des saints avec ma mère, j'avais décidé de ne pas me laisser intimider par Mayer.

Quand L. B. se mit à jurer, je me suis levée d'un bond pour lui répondre :

« Vous n'avez pas le droit de traiter ma mère ainsi. Vous et votre studio, vous pouvez aller au diable ! »

C'était la première fois de ma vie que j'employais ce vocabulaire. L. B. écumait littéralement de rage. Je suis sortie de la pièce en courant et je me suis précipitée dans le bureau de Benny Thau. J'ai tout raconté à Benny, qui m'a conseillé de lui présenter des excuses. Je lui ai répondu que jamais je ne retournerais dans le bureau de Mayer.

« Je me fiche qu'il me mette à la porte. Je me fiche de ne plus jamais travailler ! » ai-je crié.

Et j'étais sincère. Mayer envoya chercher Thau pour que ce dernier m'ordonne de m'excuser. J'ai refusé en disant que c'était à Mayer de présenter des excuses à ma mère. Je n'avais nullement l'intention de céder. Je n'ai jamais présenté d'excuses et, bien que j'aie continué à travailler pour son studio, je n'ai jamais remis les pieds dans son bureau.

Même enfant, je n'ai pas sacrifié mon intégrité personnelle à ma carrière. Certes, j'avais désiré de toutes mes forces interpréter Velvet Brown, mais je n'ai jamais été dévorée d'ambition professionnelle. C'était peut-être pour cela qu'il m'était facile de défendre ce en quoi je croyais. Cette force intérieure qui m'a sauvée de la pente destructrice sur laquelle je m'étais engagée, bien des années après, s'est forgée, j'en suis convaincue, pendant ces premières années de studio, où j'ai toujours eu la volonté de garder la maîtrise de ma vie personnelle, malgré les démons qui y sévissaient.

Bien que j'aie harcelé ma mère pour qu'elle me laisse jouer des rôles de femmes plus âgées, elle s'est arrangée pour que, jusqu'à quinze ans, je n'obtienne que des rôles d'enfants. *Ainsi sont les femmes* [1] est le premier film où je me suis maquillée, où je me suis habillée comme une jeune femme et où j'avais un partenaire masculin qui ne marchait pas à quatre pattes. Robert Stack tenait le rôle de mon « amoureux », et ce fut lui qui me donna mon premier « baiser d'adulte » à l'écran. Jimmy Lydon m'avait déjà poliment effleuré les lèvres dans *Cynthia* [2], mais ce baiser-là ressemblait à une poignée de main.

Robert Stack avait à peu près dix ans de plus que moi. J'avais vraiment le béguin pour lui, ce qui a dû l'amuser. Même s'il avait, de temps à autre, un comportement quelque peu paternaliste, je savais qu'avec du rouge à lèvres et du fard à paupières je faisais au moins dix-huit ans. Du jour au lendemain, je suis devenue une star adulte. Une minute auparavant, j'embrassais un cheval et, l'instant d'après, j'embrassais Bob Stack. Et j'aimais ça.

1. *A Date with Judy,* de Richard Thorpe, 1948.
2. *Cynthia,* de Robert Z. Leonard, 1947.

J'ai toujours voulu être une femme. Enfant, j'avais hâte d'avoir mes règles. Cela signifiait que je grandissais. J'ai aimé chaque seconde de ma puberté. J'avais une taille fine que je serrais davantage pour mettre en valeur mon buste et mes hanches. J'exhibais une silhouette de sablier quand la plupart de mes congénères étaient encore en pleine croissance. Des années plus tard, Sidney Guilaroff m'a raconté qu'un jour où je pénétrais dans le bureau d'intendance de la MGM, un producteur s'était tourné vers lui et avait déclaré : « Je crois que j'irais en prison pour ça ! » Sidney était furieux. « Mon Dieu, mais ce n'est qu'une enfant ! » a-t-il répliqué d'un ton sec.

Je n'ai pas sacrifié mon intégrité personnelle à ma carrière

Sidney n'était pas le seul à s'inquiéter du regard que les hommes posaient sur moi. Le studio et mes parents ourdirent une conspiration destinée à protéger mon innocence. Je ne pouvais pas aller aux toilettes sans que ma mère ou un professeur m'y accompagne. Ils étaient tous persuadés que l'on allait me sauter dessus. Leurs intentions étaient excellentes, mais c'était une telle incursion dans mon intimité que j'eus l'impression de vivre sous un microscope. Dès que j'ai été assez grande, j'ai exigé un peu de solitude. Adulte, j'ai frénétiquement préservé mon intimité.

J'avais été impatiente de grandir, mais il me fallut attendre l'âge de seize ans pour ne plus me sentir une enfant. Le moment clé fut une séance de photos avec Philippe Halsman. Pour la première fois, je me suis vue comme une femme. D'un point de vue purement technique, il me fit remarquer que les deux parties de mon visage imprimaient différemment la pellicule. L'une paraissait plus jeune, l'autre plus mûre. Il pensait que le côté le plus jeune constituait un meilleur angle de prise de vues, je préférais celui qui me faisait paraître plus vieille. En posant pour Halsman, j'ai pris intensément conscience de mon corps. Quelles qu'aient été les discussions concernant mon visage, il ne tenait pas à ce que ma silhouette parût enfantine. « Vous avez des seins, hurlait-il, alors faites-les ressortir ! » Son attitude contrastait avec celle des cameramen du studio, qui me considéraient encore comme leur bébé. Halsman vit que j'avais un corps de femme et voulut que je l'exploite devant l'objectif. En une journée, j'ai appris à prendre un air boudeur et des poses provocantes. Bref, j'ai développé mon sex-appeal, même si je savais qu'au fond de moi l'enfant n'avait pas encore fini de grandir. Cette séance de photos eut une conséquence capitale : je fis davantage confiance à l'image que la caméra donnait de moi, ce qui renforça ma résolution d'empêcher le studio de modifier mon aspect.

Dès le début, on avait essayé de jouer avec mon image. On avait voulu m'éclaircir les cheveux pour le *Grand National.* Ils étaient « trop noirs sur la pellicule », paraît-il. Lorsque j'eus opposé mon veto, on voulut m'épiler les sourcils. Ils devaient passer des nuits blanches à chercher comment « améliorer » mon physique. Quand j'ai commencé à utiliser du rouge à lèvres, on décida de me dessiner la bouche de Joan Crawford. Chaque fois, mes parents intervenaient : « Elle est née comme cela, et cela nous suffit. Nous ne vous laisserons pas la changer. » Halsman m'a aidée à repousser leurs suggestions. Je me suis battue contre la direction de la production qui avait décidé de me faire enlever le grain de beauté que j'ai sur la joue droite. J'ai gagné, et mon grain de beauté est toujours là.

J'ai eu de la chance. Grâce au succès du *Grand*

National, j'étais à dix ans une star de premier plan. Il devint plus difficile d'exercer des pressions sur moi. Récemment, un ami m'a demandé si l'on m'avait fait des propositions malhonnêtes avant de me confier un rôle. Jamais. Quand j'en eus l'âge, personne n'aurait osé le faire.

Après ma séance de photos avec Halsman, j'étais encore plus déterminée à maîtriser mon image cinématographique. Je voulais paraître plus âgée. J'ai donc exigé que l'on me coupe les cheveux. En 1949, j'ai joué Amy dans *Les Quatre Filles du Dr March*[1], encore une femme enfant, avant de passer au rôle romantique à souhait de *Guet-apens*[2], qui fut tourné en Angleterre. J'avais dix-sept ans à peine, et toute l'Amérique avait pu constater que j'avais grandi. Je jouais face à l'une des plus grandes stars de la MGM, Robert Taylor, qui avait alors trente-huit ans, plus de deux fois mon âge. Aujourd'hui encore, Hollywood ne voit aucun inconvénient à ce qu'un couple soit constitué d'une jeune fille et d'un homme plus âgé, mais on ne voit jamais l'inverse. Personne n'a proposé à Barbara Stanwyck, la femme de Taylor, d'être la partenaire de Roddy McDowall ou de n'importe quel acteur de ma génération.

Le tournage de *Guet-apens* fut une expérience tout à fait particulière. Entre les scènes d'amour passionnées avec un homme qui aurait pu être mon père, il me fallait caser trois heures de cours avant trois heures de l'après-midi, sinon la production s'arrêtait pour la journée. Le film tout entier était lié à mon travail scolaire. J'ai failli devenir folle.

Certains après-midi, mon professeur débarquait sur le plateau et m'arrachait des bras de Robert Taylor en disant :

1. *Little Women,* de Mervyn Le Roy, 1949.
2. *Conspirator,* de V. Saville, 1950.

« Désolée, Elizabeth n'a pas terminé ses devoirs. »

Puis elle me traînait jusqu'à la petite salle de classe spécialement créée pour moi, et nous nous mettions à la géométrie ou aux sciences humaines. Quelle humiliation ! Robert Taylor était un homme merveilleux. Il fit preuve d'une incroyable patience. Tandis qu'on m'emmenait au cours, il retournait dans sa remorque pour écrire à sa femme. Chaque fois que j'avais envie de laisser éclater une fureur peu professionnelle, il me la citait en exemple, un exemple de la professionnelle accomplie.

Ce système n'en était pas moins ridicule. A courir entre l'école et le plateau, je n'avais pas le temps de souffler et je mettais souvent mon rouge à lèvres alors que les éclairages étaient déjà installés.

Un jour, Bob m'en fit le reproche. Barbara arrivait toujours parfaitement maquillée sur le plateau.

« D'accord, lui répondis-je, mais je suis sûre qu'elle n'a pas un professeur qui l'empêche de sortir son bâton de rouge en classe. »

Tout cela était plutôt incongru. J'ai pourtant beaucoup appris pendant ce film. La description que Bob me fit d'une femme que je n'ai rencontrée qu'il y a quelques années compta énormément pour moi. Celle-ci se rappelle m'avoir vue à la MGM. Elle a raconté à un de mes amis, Nolan Miller, qu'elle était entrée un matin au maquillage et qu'elle m'y avait aperçue. J'attendais que l'on s'occupe de moi et j'avais la tête couverte de bigoudis.

« C'est incroyable, s'est-elle écriée. On n'a pas le droit d'être aussi belle à cinq heures du matin, et avec les cheveux relevés ! »

Je ne me souviens pas de cet épisode. J'étais certainement trop impressionnée par la présence de Barbara Stanwyck pour avoir entendu le compliment. Cette histoire m'a enchantée quand Nolan Miller me l'a rapportée.

Guet-apens ne remporta pas un succès considérable. Au mieux, les critiques furent tièdes, mais elles épargnèrent les deux Taylor et concentrèrent leur tir sur le scénario. Mais pour moi ce fut un film important qui marqua le passage à des rôles d'adultes.

Dès lors, j'eus l'impression d'être trois personnes à la fois : mon moi réel, mon moi magnifié et le moi tout-puissant que je commençais à jouer à l'écran. Dans les films, je pouvais apparemment tout contrôler. Je connaissais toutes les ficelles du métier. Mais cela jeta le trouble dans mon esprit. Je ne pouvais pas avoir recours aux mêmes stratagèmes dans la vie réelle. Adolescente, ma vision du monde était d'autant plus déformée que je n'avais jamais eu beaucoup d'amies de mon âge. Les filles de ma génération me traitaient comme un phénomène, ce qui me rendit un peu parano. J'avais tendance à assimiler tout intérêt que l'on me portait à de la curiosité. Quand j'étais jeune, il y avait des enfants que je mourais d'envie de connaître, mais, pour la plupart, ils ne désiraient nullement me connaître. J'avais une très bonne amie qui habitait juste en face de chez nous. Elle était plus grande que moi et me donnait les vêtements trop petits pour elle. Je les aimais énormément, les préférant à ceux que mes parents m'achetaient ou à ceux que le studio me fournissait. Dans ces vêtements, je me sentais une « fille comme les autres ».

Quand ma célébrité n'éloignait pas les autres de moi, c'était mon éducation protégée qui les tenait à distance. Mes parents me refusaient toutes ces activités qui m'étaient permises à l'écran : passer la nuit chez une amie, faire une promenade en voiture qui n'était pas prévue au programme. Le résultat, c'est qu'en dehors de ma famille j'avais peu d'amis sur qui compter. Aujourd'hui, et ce depuis vingt ou trente ans, j'ai pour amies des femmes de mon âge, mais enfant, j'étais plus à l'aise avec les adultes. Parfois, quand je me promenais à cheval, je me voyais jouant une scène dont l'action se situait dans un lycée ou sur un campus imaginaire. Et quelques heures plus tard, j'étais de nouveau sur le plateau en train de façonner une Elizabeth Taylor publique.

Tout en apprenant à parfaire mon image à l'écran, j'étais décidée à trouver une zone qui me permette de passer, sans heurts, à un état adulte indépendant. Sans la bande de copains au sein de laquelle la plupart des adolescents se définissent, je savais qu'il me faudrait grandir encore plus vite. Je n'avais pas besoin d'être un

Dans les films, je pouvais apparemment tout contrôler

génie pour me rendre compte que j'avais besoin d'un endroit éloigné, tant de la maison de mes parents que du studio. Après plusieurs tentatives avortées, je me suis aperçue que la seule issue était le mariage. C'était, semblait-il, le seul moyen que j'avais de vivre ma vie et, ce qui était capital, de découvrir ma sexualité. On me protégeait constamment, et mon éducation m'empêchait d'envisager la moindre liaison. De plus, j'étais et je suis encore une romantique incurable. Je n'ai pas compris alors les raisons qui m'avaient poussée à un mariage précoce, et je le regrette. A l'époque, j'avais hâte de devenir une vraie femme, une femme mariée.

3.

Quand la MGM me prêta à la Paramount pour jouer dans *Une place au soleil*[1], une production de George Stevens, d'après le roman de Theodore Dreiser, *An American Tragedy*, je fis la connaissance de Montgomery Clift, qui était venu de Broadway à Hollywood, quelques années auparavant. C'était mon partenaire. A mon avis, il a donné une nouvelle dimension au jeu cinématographique. On dit toujours que c'est à Marlon Brando et à James Dean que l'on doit l'introduction de la Méthode[2] au cinéma. Monty fut en fait le premier à l'utiliser. Bien que les médias aient imaginé une idylle romantique entre nous, j'avais senti, dès le début, que Monty était déchiré entre ce qu'il pensait devoir être et ce qu'il était vraiment. Tout compte fait, *Une place au soleil* fut mon meilleur film de jeune adulte.

Je me suis aussi beaucoup amusée en tournant *Le Père de la mariée*[3], avec Spencer Tracy. Ironie du sort, je venais de terminer ce film quand, le 6 mai 1950, je me suis réellement mariée. Sur le papier, tout était parfait. Un bel

---

1. *A Place in the Sun*, de George Stevens, 1951.
2. La méthode Stanislavski, employée par l'Actor's Studio, fondé en 1947, par Lee Strasberg et Elia Kazan.
3. *The Father of the Bride*, de Vincente Minnelli, 1950.

homme, fils d'un riche propriétaire d'hôtels, épousait la princesse de la Metro-Goldwyn-Mayer. Ce fut un désastre, un cauchemar qui se termina, en janvier 1951, par un divorce.

Je suis assez fière de l'intuition dont je fais preuve pour juger les gens. En général, je sais immédiatement reconnaître quelqu'un d'honnête mais, dans cette circonstance précise, j'ai réagi en adolescente. Je désirais tellement être adulte et indépendante que je n'ai pas obéi à mon instinct. J'étais aussi trop inexpérimentée pour savoir si un homme me convenait ou non. Jusque-là et pour tout ce qui concernait la gent masculine, c'étaient les scénaristes qui avaient choisi à ma place.

J'étais sortie avec quelques garçons avant mon mariage, héros du football universitaire ou hommes d'affaires inconnus, mais les relations que nous entretenions étaient toujours étroitement chaperonnées. J'aimais jouer le rôle de la jeune femme amoureuse et, quand j'ai rencontré Nicky Hilton, j'étais mûre pour le mariage. Eblouie par son charme et son apparent raffinement, poussée par des sentiments auxquels on ne pouvait céder en dehors du mariage, impatiente d'être indépendante de mes parents et du studio, j'ai fermé les yeux sur tous les problèmes et, radieuse, je me suis avancée vers l'autel.

J'étais trop inexpérimentée pour savoir si un homme me convenait ou non

Avant la fin de notre lune de miel, mes yeux se dessillèrent. Nous voguions vers le sud de la France, sur le *Queen Mary*, et notre ménage fonçait droit sur les écueils. A la fin du voyage, il apparut clairement que mon mari éprouvait les plus grandes difficultés à s'habituer tant à ma personne qu'à ma célébrité. Il devint désagréable, coléreux et offensant, intellectuellement et physiquement. Mais tout cela est trop personnel pour être évoqué ici. Il se mit à boire. Il m'accabla publiquement de ses sarcasmes. Puis il m'évita. J'étais sidérée et totalement désarmée devant une situation aussi explosive. Nous avons visité les superbes capitales européennes, où l'on nous reçut comme des princes, mais mon sourire restait figé. J'étais désespérée devant le repli total de mon mari. J'ai tout tenté pour sauver notre couple, mais il s'est montré intraitable. L'homme avec lequel j'avais l'intention de passer le reste de mon existence me repoussait sans cesse. A notre retour, tout était terminé, la lune de miel et le mariage. L'idée de

Le travail et la force intérieure acquise dans mon enfance m'aidèrent à garder bien vivants mon optimisme et mon romantisme

révéler cet échec m'était insupportable. Pendant des mois, je me suis tue. Vers Noël, je n'en pouvais plus et j'ai quitté notre maison. Nous avons divorcé un peu plus de six mois après notre mariage.

Cet échec porta un coup terrible à mon amour-propre. Et, comme toujours, mon fiasco fut donné en pâture au public. Ma fierté ayant été bafouée, je fis des ulcères, on m'hospitalisa pour une colite et je me refermai sur moi-même pour panser mes plaies.

Il m'a fallu longtemps pour venir à bout de mon état dépressif et je me suis remise au travail pour me prouver de nouveau que je pouvais réussir quelque chose. Ce schéma devint un mode de vie. Le travail et la force intérieure acquise dans mon enfance m'aidèrent à garder bien vivants mon optimisme et mon romantisme.

Je suis retournée au studio, où mes activités me procurèrent quelque réconfort. Si, dans la vie réelle, je ne pouvais pas être une épouse parfaite, du moins pouvais-je continuer à faire illusion à l'écran. *Allons donc, papa* [1] était la suite du *Père de la mariée* et, dans cette suite, mon double de celluloïd devint mère. Je faisais exactement ce que je désirais, mais c'était en 35 millimètres, pas dans la vie.

Michael Wilding fut le premier homme que je vis beaucoup après m'être remise de mon chagrin et du choc de mon divorce. Mes intestins défaillants m'obligeaient à me nourrir de petits pots Gerber. Puis j'ai décidé que tous ces symptômes étaient psychosomatiques et je suis sortie avec Michael. J'ai dîné, dansé et bu du champagne, tout mon soûl. Ma tête allait mieux, mon corps aussi. Même si l'Association médicale américaine n'accepte pas la méthode Elizabeth Taylor pour guérir les ulcères, dans mon cas, elle se révéla tout à fait efficace.

Michael Wilding et moi, nous nous sommes mariés en février 1952. J'avais vingt ans de moins que mon mari et, d'une certaine façon, ma vie personnelle correspondait de nouveau à mon image de cinéma. J'avais si souvent été la partenaire d'un homme plus âgé.

Notre mariage commença par une grande affection mutuelle et d'immenses espérances. Même la façon dont nous avons trouvé la maison où nous allions vivre pendant quatre ans renforça notre vision optimiste de l'avenir. George MacLean, un vieil ami doublé d'un architecte de talent, savait que j'adorais les maisons imaginatives qu'il avait construites dans les environs de Los Angeles. L'une de ses ex-femmes raconta à ma mère qu'il était en train

1. *Father's little dividend,* de Vincente Minnelli, 1951.

Moi à trois ans. J'en faisais déjà des tonnes !

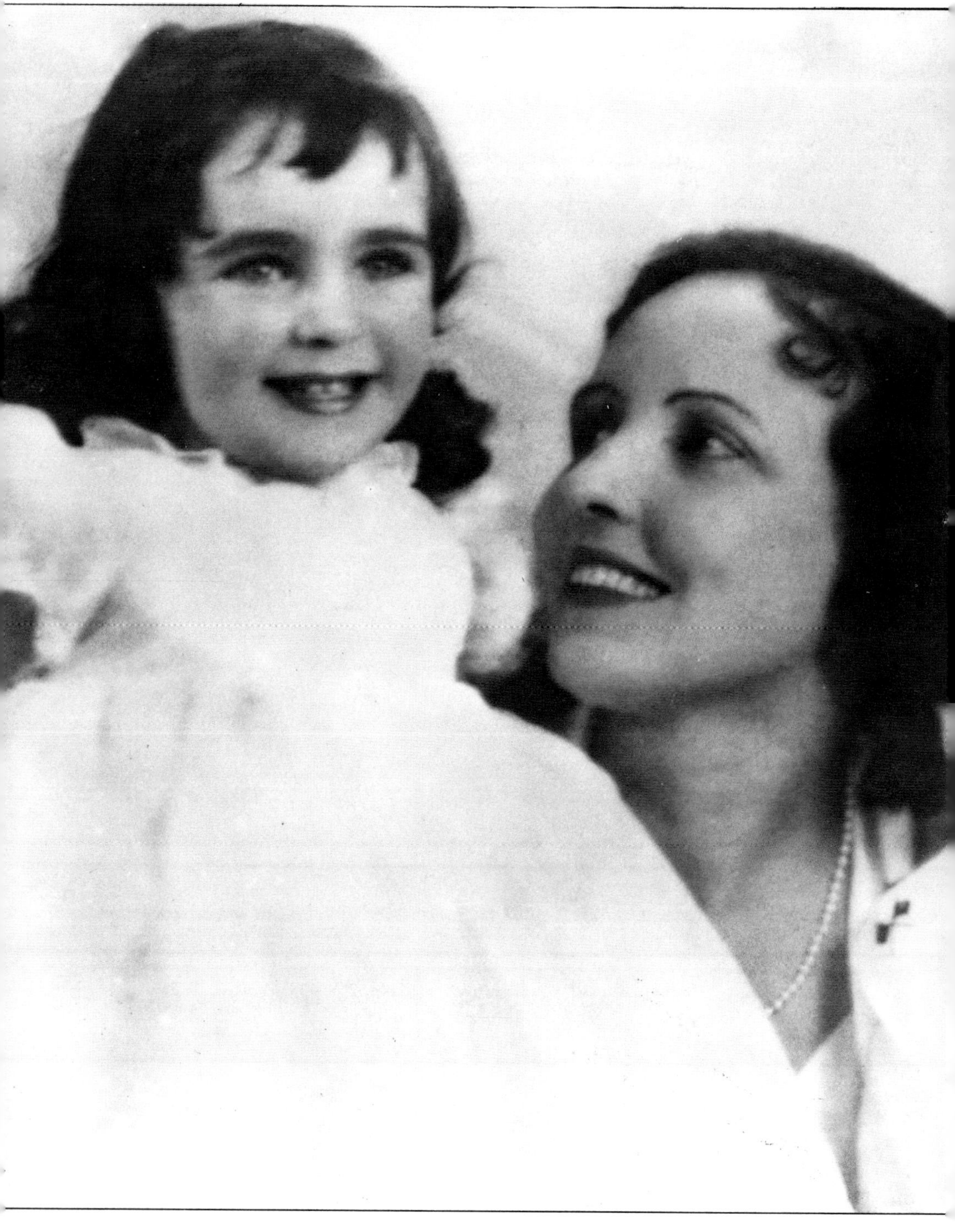

Moi à dix-neuf mois avec ma mère, Sara Taylor, et mon frère Howard. *(Ph. Marcus Adams.)*

Ci-dessous : **En sécurité dans les bras de mon père, Francis Taylor.**

Trottant à peine, prête à poser.

Ci-contre : **Roddy McDowall m'a toujours saisie sous mon jour le plus naturel.**
(Ph. Roddy McDowall).

Fac-similé en carton de moi, déniché pour la soirée de mon cinquante-cinquième anniversaire, offert par Carole et Burt Bacharach ; il se trouve maintenant dans l'allée de chez Michael Jackson. *(© 1987 Michael Jacobs/MJP.)*

Ci-contre, **Roddy McDowall et moi à cheval dans *Les blanches falaises de Douvres.*** *(© 1944 Loew's Inc. Ren. 1977 Metro-Goldwyn-Mayer Inc.)*

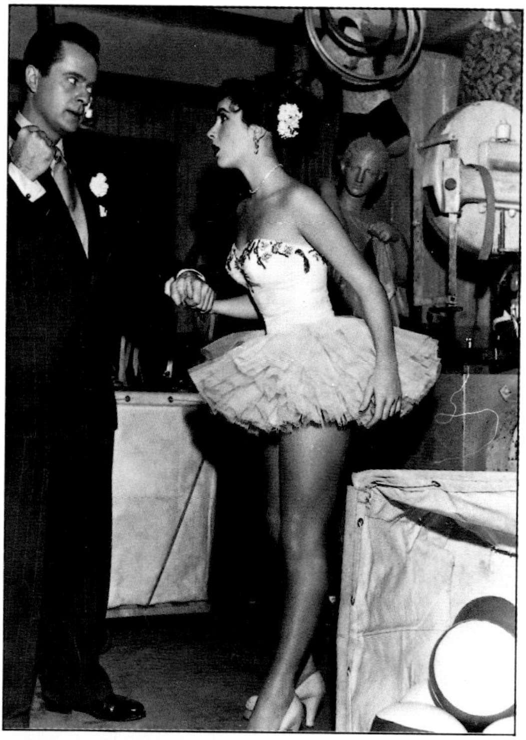

THE WIND IN THE WILLOWS
NIBBLES
ME

Page ci-contre : **Larry Parks et moi dans *Love is Better that Ever ;* j'apprends à tirer avec mon frère Howard pendant des vacances dans le Wisconsin ; je fais mes devoirs, une dissertation... de littérature anglaise, après avoir écrit mon premier livre ; ma mère et moi le jour où j'ai obtenu mon diplôme de fin d'études en Californie.** *(En haut à g. : © 1951 Loew's Inc. Ren. 1979 Metro-Goldwyn Mayer Inc. ; en bas, à g. et à dr. : avec l'aimable autorisation de Turner Entertainment Co.)*

***Rhapsodie,* avec Vittorio Gassman et Barbara Bates.**
(© 1954 Loew's Inc. Ren. 1981 Metro-Goldwyn Mayer Film Co.)

Tous dans les yeux ! **Christopher, Liza et Michael *(ci-dessus)* ; Maria et son papa en promenade *(ci-contre, à g.)*** *(Ph. Roddy McDowall et Ron Galella/Ron Galella, Ltd.)*

***A droite :* Roddy McDowall essaie son appareil-photo.** *(Ph. Roddy McDowall.)*

Au verso :* Au cours du tournage du *Chevalier des sables. *(© 1965 Metro-Goldwyn Mayer Inc. Et Venice Productions Inc.)*

"Richard avait une telle passion pour la vie à travers les mots." Richard et moi pendant la remise des Publicists Guild Awards au Plaza. *(Ron Galella/Ron Galella Ltd.)*

Ci-contre : **Richard et moi, au cours d'une répétition de *Private Lives,* que nous avons joué à Brodway.**
(© 1985 Martha Swope.)

Séance de photo avec Richard Avedon.
(Ph. Roddy McDowall.)

d'en bâtir une qu'il me destinait. Il mourait d'envie de nous la montrer, mais il était trop timide pour nous téléphoner. Quand ma mère m'en parla, Michael et moi décidâmes d'aller voir nous-mêmes.

La maison se trouvait à Beverly Hills, dans la même rue que celle de David Selznick. A Tower Road, nous sommes sortis de la voiture. Le bâtiment était entouré d'un grand mur et le portail fermé à clef. A Beverly Hills et à Bel Air, de nombreuses demeures sont ainsi protégées. On contrôle électroniquement le portail de l'intérieur. Il existe en général un circuit interne de télévision ou un interphone pour que l'on puisse filtrer les visiteurs. Malgré cela, il arrive que les touristes attendent l'entrée d'un visiteur et se glissent à l'intérieur pendant que le portail est ouvert.

Un jour, au réveil, j'ai aperçu tout un car dans mon allée, et le chauffeur a eu le culot de s'écrier :

« Là-haut, c'est la chambre de Liz et là, derrière le mur, se trouve la tombe de son chien. »

Ce dimanche-là, avec Michael Wilding, je me suis conduite comme la plus agressive des touristes. Michael m'a fait la courte échelle, et j'ai franchi le mur. J'ai tiré le verrou pour lui permettre d'entrer. Vous imaginez les gros titres des journaux si l'on m'avait prise sur le fait ? Mais nous étions tellement éblouis par la beauté des lieux que nous n'en avions cure. L'architecture s'intégrait parfaitement au site. La maison et le jardin paraissaient enchantés, tout droit sortis d'un conte de fées. Vous pouvez me croire. Nous avons même pique-niqué dans le jardin : les ouvriers avaient laissé un sac de chips et une demi-bouteille de vin. Nous avions devant les yeux l'incroyable splendeur des arbres en fleurs. Ce fut l'un des plus beaux moments de ma vie.

« C'est notre maison, ai-je déclaré à Michael en me tournant vers lui. Il nous la faut. »

Ce cher Michael ne discuta pas. Je crois qu'il était

dans les mêmes dispositions que moi. Nous avons raclé les fonds de tiroir, acheté la maison et nous y avons vécu tout le temps que dura notre union.

Nous avons longtemps été un ménage heureux, et j'ai enfin réalisé mon rêve : être mère. Tandis que je travaillais sur *La fille qui avait tout* [1], j'eus la joie de constater que j'étais enceinte et j'eus le plus grand mal à garder le secret. J'étais ravie d'être enceinte, mais je devais travailler le plus longtemps possible. Si le studio avait eu vent de mon état, j'aurais été suspendue et je ne pouvais pas me permettre de perdre mon cachet. Louis B. Mayer, grand défenseur de la gent féminine, lui qui avait lancé son poing dans les gencives d'Eric von Stroheim pour avoir traité de putain l'héroïne d'un film, sanctionnait ses vedettes féminines lorsqu'elles remplissaient leurs fonctions biologiques. Il fallait que je me taise et que je conserve mes quarante-huit centimètres de tour de taille jusqu'à la fin du tournage.

J'en étais au cinquième mois quand le film fut achevé. J'ai immédiatement annoncé ma grossesse au monde entier, acheté des vêtements de maternité et commencé à sortir mon ventre. Et comme je « mangeais pour deux », j'ai pris vingt-deux kilos.

Dans l'ensemble, tout allait pour le mieux, mais nous avons eu quelques problèmes, notamment d'ordre financier. Michael ne travaillait pas, j'étais en congé et nous étions fauchés comme les blés. J'avais besoin des soins d'un obstétricien, et l'un de mes amis me recommanda un jeune médecin. Je désirais accoucher de manière naturelle, mais le médecin m'informa que je devrais subir une césarienne. Je lui ai donné mon accord, à condition de rester consciente et de pouvoir assister à la naissance. « Non », me répondit-il, puis il m'apprit que ce serait sa

1. *The Girl Who Had Everything*, de Richard Thorpe, 1951.

Et comme je « mangeais pour deux », j'ai pris vingt-deux kilos

première césarienne. Je redoutais moins son inexpérience que le montant de ses honoraires, quelque deux cent cinquante dollars.

Cela vous étonne sans doute de m'entendre dire que j'étais fauchée, mais les gens ne comprennent pas toujours que les « stars de cinéma » doivent faire certaines dépenses. Je gagnais de l'argent, mais nous en dépensions beaucoup. Et le studio faisait tout ce qui était en son pouvoir pour nous carotter. La « suspension » pour congé de maternité n'était qu'un exemple parmi d'autres. Quand on ne voulait pas vous payer, on vous donnait de mauvais scénarios, des sujets d'une pauvreté hallucinante, que l'on n'avait nullement l'intention de filmer. Dans la majorité des cas, l'acteur ou l'actrice refusait, ce qui entraînait sa suspension. Malheureusement, après la naissance de notre bébé, notre situation financière me contraignit à accepter plusieurs films qui n'auraient jamais dû parvenir devant la caméra.

En moins de deux mois, j'avais perdu les kilos que j'avais pris pendant ma grossesse. Je suis donc retournée au studio. Tout se passa en douceur. Le petit Michael était un adorable bébé, et j'étais si heureuse d'être mère. Je passais des heures à contempler mon fils. Même quand il dormait, je me penchais sur son berceau, émerveillée. J'aurais aimer l'allaiter, mais les actrices qui travaillent ont des horaires assez rigides, et j'ai dû y renoncer. Deux ans plus tard, j'étais de nouveau enceinte et, de nouveau, malgré une prise de poids impressionnante, j'ai vite retrouvé ma taille habituelle. Christopher, mon deuxième fils, était également un bébé charmant et facile. Grâce à la maternité, j'étais bien dans ma peau, positive, et mon unique regret était de ne pouvoir passer plus de temps à la maison.

Malheureusement, deux suspensions d'affilée pour cause de maternité me forcèrent à accepter des sujets médiocres. Je fus donc ravie quand, en 1955, on me prêta à la Warner pour tourner *Géant*[1]. J'étais heureuse de retrouver George Stevens et enchantée d'être la partenaire de Rock Hudson. Dieu le bénisse, c'était le meilleur de tous ! Chaleureux, amical, généreux, c'était un acteur remarquable.

Rock et moi, nous nous sommes tout de suite entendus comme larrons en foire. On aurait dit deux gosses. En août et en septembre, nous avons tourné en extérieur à Marfa, au Texas. La chaleur, l'humidité et la poussière nous oppressaient tant que nous nous remontions le moral comme nous le pouvions. C'est ainsi que nous avons passé des nuits à boire. Grâce au ciel, nous étions jeunes et assez résistants pour retourner directement sur le plateau le lendemain matin, le teint frais et sans cernes sous les yeux. Au cours de nos beuveries, nous nous étions concocté le meilleur breuvage que j'aie jamais goûté : un Martini-chocolat composé de vodka, de sirop Hershey's et de liqueur de café. Je ne sais pas comment nous avons survécu à ce traitement.

A la maison, cela se passait moins bien. Michael Wilding était un homme merveilleux, et je l'aimais énormément. Notre amitié dura jusqu'à sa mort, il y a quelques années, mais dans les années cinquante, les tensions étaient trop fortes pour que notre ménage tienne le coup. Nous étions si différents ! Il était très britannique et, en venant à Hollywood, il avait perdu le statut de star qu'il avait acquis en Angleterre. Nous avons fini par avoir des rapports comme en ont un frère et une sœur, ce qui n'est pas l'idée que je me fais du mariage.

---

1. *Giant,* de George Stevens, 1956.

Nous nous sommes rendu compte que c'était fini entre nous et nous avons envisagé de divorcer. Rien ne nous pressa jusqu'à la venue de Mike Todd.

Au début, je n'imaginais pas qu'il puisse entrer dans ma vie. Kevin McClory, l'un des assistants de Mike Todd lors du tournage du *Tour du monde en quatre-vingts jours*, nous invita, Michael et moi, à passer le week-end sur le *Hyding*, un yacht de quinze mètres que Todd avait loué. Nous avons accepté cette invitation avec enthousiasme, ravis de fuir une situation domestique qui ne cessait de se dégrader. Au moins verrions-nous des tas de gens. Quand nous sommes arrivés à bord, Michael s'est dirigé vers le bar. J'ai bavardé tout l'après-midi avec Kevin. Je sentais que Mike Todd m'observait. J'avais une épouvantable migraine. Je n'ai jamais hésité à me plaindre et, ce jour-là, je n'ai pas dû m'en priver. Ce mal de tête était probablement dû aux efforts que je faisais pour dissimuler les rapports tendus que nous avions avec Michael. Quelle qu'en soit l'origine, je ne parvenais pas à m'en débarrasser.

A la fin de l'après-midi, nous étions tous sur le pont et nous buvions du champagne en contemplant le coucher du soleil. Je fis une remarque anodine tandis que Mike remplissait les verres. Je ne me souviens pas de ce que j'ai dit, mais Mike se tourna vers moi :

« Ma chère, vous êtes une intellectuelle qui s'ignore », déclara-t-il.

Personne ne m'avait encore accusée de cela ! Je ne savais que répondre. J'ai donc vidé le contenu de mon verre et je le lui ai tendu pour qu'il le remplisse. Mike y versa du champagne avec obligeance.

« Buvez autant que vous voulez. C'est à vos risques et périls. »

A l'exception de ces deux remarques, Mike Todd m'adressa fort peu la parole pendant le week-end. Deux semaines plus tard, nous fûmes invités à un lunch chez lui.

Nous sommes restés ensemble un moment, mais il ne me parla que fort peu. Je n'étais pas en forme. Je savais que mon deuxième mariage avait vécu. J'avais peur, j'étais malheureuse et j'ai passé la majeure partie de la soirée à refouler mes larmes. Nous avons revu Mike Todd plusieurs fois. Michael, je crois, fut plus conscient que moi de notre attirance mutuelle. Finalement, il me dit que mieux valait que nous divorcions définitivement et qu'il parte pour Mexico. Nous nous sommes séparés à regret. Et je n'ai jamais rencontré quelqu'un d'aussi parfaitement courtois que Michael Wilding.

« *Ma chère, vous êtes une intellectuelle qui s'ignore* »

Ce ne fut qu'après son départ que Mike Todd me téléphona et demanda à me voir. Je pensais qu'il allait me proposer de faire un film avec lui et j'ai donc accepté un rendez-vous pour le lendemain, dans son bureau à la MGM. Il me fit asseoir sur le canapé, s'installa sur une chaise en face de moi et me dit qu'il m'aimait. Je n'ai pas ouvert la bouche. J'étais abasourdie. Il m'annonça également qu'il allait m'épouser. Il ne me l'a pas demandé, il me l'a dit. Il était irrésistible. J'ai quitté son bureau en sachant que je serais bientôt Mrs. Michael Todd.

« *Vous ressemblez beaucoup à Elizabeth Taylor, mais vous êtes plus grosse* »

Un soir, avant que notre liaison se fût ébruitée, Mike fut invité à dîner chez des amis. Il les prévint qu'il viendrait avec une fille, sans leur donner mon nom. Nous sommes entrés, et il m'a présentée comme « Tondelayo Schwarzkopf ». Notre hôtesse me regarda, l'air perplexe.

« Il faut que je vous dise quelque chose, vous ressemblez beaucoup à Elizabeth Taylor, mais vous êtes plus grosse. »

Mike éclata de rire et me donna une tape sur la fesse.

« Quand je disais que tu engraissais ! » s'écria-t-il.

Oh, Mike, si tu m'avais vue à Washington !

Mike Todd et moi nous sommes mariés le 2 février 1957. Il avait vingt-cinq ans de plus que moi, mais il était éternellement jeune. J'avais du mal à le suivre. Je n'ai jamais rencontré une telle énergie et, grâce à lui, les dix-huit mois trop courts que nous avons passés ensemble constituent la période la plus intense et la plus merveilleuse de mon existence. Nous avons beaucoup vécu, beaucoup aimé, en moins de deux ans. Mike était un peu fou, Richard Burton aussi, à sa façon (en fait, je crois que je ne suis bien qu'avec des hommes un peu dingues). Richard, qui avait rencontré Mike mais ne le connaissait pas vraiment, était persuadé que, s'il n'était pas mort, nous serions encore mariés. Et ce n'était pas rien, pour Richard, de dire une chose pareille. Sidney Guilaroff aussi pensait que Mike Todd était l'homme de ma vie, peut-être plus encore que Richard Burton. Mike avait l'esprit d'entreprise, c'était un homme de spectacle, pas un acteur. Il s'investissait entièrement dans ma carrière, alors que Richard avait la sienne à mener.

Quelle délicieuse folie ce fut d'être la femme de Mike. Vivre avec lui, c'était comme tourner dans un film à grand spectacle. Il transformait l'impossible existence que j'avais à l'écran en réalité. Il avait un grand sens du spectacle et un cœur immense. Superficiellement, il semblait rude, dur et bourru, mais ce n'était qu'une façade. Il

Vivre avec Mike,
c'était comme tourner dans un film
à grand spectacle

était doux et honnête, avec une intégrité profondément ancrée en lui, que dissimulait son apparence extravagante. Mike essayait vraiment d'apporter au show-business une élégance, un style. Il voulait faire de beaux films et tenait à ce qu'on les vît dans les meilleures conditions possibles. Il avait un sens fabuleux de l'événement, et ses films étaient des événements. Il ne fallait pas se contenter de rester assis à grignoter du pop-corn en écoutant les dialogues. Quand *Le Tour du monde en quatre-vingts jours,* son premier et unique film, est sorti, il n'y avait rien à manger dans le hall des cinémas qui l'avaient programmé.

Sa générosité s'étendait à tous, à ses amis, à sa famille et au public. Chaque femme devrait avoir un Mike Todd dans sa vie. Mon Dieu que je l'aimais ! Le sens que j'avais de ma propre valeur, mon image, tout était au beau fixe, grâce à son amour, à son exubérance et à ses attentions.

Hélas, si j'avais un moral d'acier, mes maux ne s'arrêtèrent pas pour autant. Peu après notre mariage, je dus être opérée du dos. Il était prévu que l'on m'hospitaliserait deux mois. J'ai sans doute commencé une grossesse la veille de mon admission, car je n'eus pas de règles le premier mois. Ma grossesse fut confirmée quatre semaines après mon opération, et une bonne douzaine de médecins me conseillèrent vivement l'avortement. On me présenta un croquis de mon dos pour me montrer comment on avait entaillé ma colonne vertébrale et comment on l'avait remplacée en un endroit précis par des « allumettes ». Si l'embryon venait s'y appuyer, il provoquerait une courbe définitive. Je pouvais porter un corset, mais l'embryon n'aurait pas assez de place. Je les ai écoutés poliment, mais je savais que ce bébé-là, je l'aurais ! Je leur dis que tout se passerait très bien.

Il m'a fallu rester allongée la majeure partie du temps, à cause du corset de métal. Je portais le bébé en haut de la cage thoracique. C'était une position tellement anormale que mon cœur s'est déplacé. On m'a donné de la digitaline. Je n'étais pas encore à terme quand les médecins décidèrent de pratiquer une césarienne d'urgence. La digitaline affectait le rythme cardiaque du bébé. Si je cessais d'en prendre, le bébé mourrait. On m'a donc proposé un accouchement prématuré. J'ai insisté pour qu'on laisse le bébé vingt-quatre heures sans médicaments. On m'a dit que je tomberais dans le coma si j'arrêtais la digitaline. Je leur ai répondu que je ne serais qu'inconsciente. Ce n'était pas mortel pour moi, mais le bébé risquait de mourir. Ils ont fait comme je le désirais mais, malgré cela, le bébé semblait mort-né. On l'a immédiatement placé en couveuse.

Mon accoucheur a quitté la salle de travail pour apprendre à Mike la triste nouvelle. Il a assuré à Mike que je ne courais aucun risque. Cependant, le médecin pensait que ce serait pour moi suicidaire d'avoir d'autres enfants et lui a demandé la permission d'effectuer une ligature des trompes. Mike lui a donné le feu vert. Au bout de quatorze minutes, ma fille Liza respirait, pour la première fois, de façon indépendante. Une demi-heure plus tard, on a prévenu Mike que la mère et l'enfant allaient tous deux bien. Je suis convaincue que, si je n'avais pas arrêté la digitaline, notre enfant n'aurait pas eu la moindre chance de survivre. Je désirais tellement cet enfant que j'aurais fait n'importe quoi pour qu'il soit sauvé. Quand je la regarde, aujourd'hui qu'elle a trente ans, qu'elle est devenue mère à son tour, je n'ai pas l'ombre d'un regret.

Peu après la naissance de Liza, un autre film était inscrit à mon programme, un projet qui m'intriguait énormément, la version filmée de *La Chatte sur un toit brûlant*. Cette aventure enthousiasmait Mike, qui resta sur le plateau pendant une grande partie du tournage. Les censeurs, eux aussi, étaient là. A cette époque, on était contrôlé d'une manière délirante dès que l'on abordait un sujet concernant le sexe. On ne se contentait pas de cacher l'homosexualité. L'hétérosexualité était l'objet de contraintes presque aussi nombreuses. Pendant le tournage, des inspecteurs s'introduisaient sur le plateau et vérifiaient tout. Un jour, je me trouvais devant les caméras pour faire un essai en costume, quand apparut un « B.I. » (Bust Inspector = Inspecteur du Buste, incroyable mais vrai !). Il me jeta un coup d'œil et demanda un escabeau. Il monta dessus, regarda vers le bas et nous annonça qu'il me faudrait un décolleté moins plongeant, que l'on voyait trop ma poitrine. Richard lui fit remarquer que la caméra n'était pas placée au sommet d'une échelle. Le « B.I. » se montra inflexible pour mon décolleté. Comme il avait le pouvoir d'arrêter la production, Brooks dut céder. Hélène Rose, la responsable des costumes, rapprocha les bords de mon bustier avec une petite broche. Dès que le censeur eut disparu, j'ôtai la broche et nous reprîmes le tournage.

Grâce au ciel, les B.I. et les gens de leur espèce n'existent plus. Non que je sois une fanatique de toute cette nudité que l'on voit étalée dans les films contemporains. Si, autrefois, la censure était trop lourde, nous sommes peut-être allés trop loin dans la direction opposée. Il y a quelques années, après mon spectaculaire amaigrissement, le directeur de l'un des principaux magazines « déshabillés » vint me demander de poser tout habillée. Puisqu'il me faisait une proposition ferme d'un million de dollars, je me suis dit que je devais avoir au moins la courtoisie de le recevoir. Il vint chez moi, s'assit et me parla de la mise en pages. Puis il me proposa d'apparaître les seins nus. Un million de dollars est une grosse somme d'argent, mais il y a des choses qui ne la valent pas. C'est ce que j'ai expliqué à ce directeur de publication en le reconduisant à la porte.

Pendant le tournage de *La Chatte sur un toit brûlant*, Richard Brooks permit à Mike de visionner les rushes quotidiens, et mon mari était persuadé que ma prestation me vaudrait un Oscar. Au bout de deux semaines de tournage, j'ai attrapé la grippe. Mike devait prendre l'avion pour New York, où le Friars Club [1] avait organisé une réception en son honneur. Il était prévu, dans mon contrat, que l'on m'accorderait cinq jours de congé à ce moment-là pour que je puisse l'accompagner. La grippe se transforma en pneumonie. Mike repoussa son départ et attendit jusqu'au vendredi. J'avais toujours 40° de fièvre. Mike dut partir. Trois mille personnes devaient participer à cette cérémonie, et il n'avait pas le droit de les décevoir. Je n'étais pas en état de voyager. Je lui fis donc comprendre qu'il serait contraint d'y aller sans moi. C'était notre première séparation. Mike monta dans ma chambre et me dit cinq fois au revoir. Je ne pouvais pas l'accompagner. Et pourtant, j'aurais tellement, tellement aimé être à ses côtés !

Finalement, mon mari tant aimé prit son avion privé, le *Liz*, avec son ami et biographe, Art Cohn. Le 22 mars 1958, l'appareil s'écrasa au sol. Ni Mike, ni Art, ni le pilote ne survécurent.

Il m'est arrivé en plusieurs occasions de pressentir le danger ou la tragédie. Un jour, Michael Wilding et moi étions montés à bord d'un avion qui devait nous mener à Rome. Nous attendions que l'on retire la passerelle. Tout à coup, je suis devenue blanche comme un linge et je me suis mise à trembler.

J'ai tendu la main vers Michael et j'ai crié.

« Mon Dieu, il faut que nous descendions de cet avion ! »

---

1. Club de comédiens bénévoles à vocation satirique.

Michael vit que j'étais vraiment paniquée et appela l'hôtesse. Elle se montra très attentionnée, même si elle pensait que j'étais folle. On nous donna la permission de sortir et on retira nos bagages de la soute. Michael nous reconduisit à notre appartement. Je tremblais toujours. J'étais incapable d'expliquer ce que je ressentais. J'étais dominée par une frayeur insurmontable. Le lendemain matin, nous avons lu dans les journaux que l'avion s'était écrasé. L'hôtesse qui avait été si gentille avec moi souriait sur la photo publiée à la une.

Une autre fois, j'étais en Yougoslavie où Richard Burton tournait un film sur le président Tito. Ils travaillaient sur les sites de nombreuses batailles. Certains se trouvaient dans les montagnes. Chaque matin, on transportait les acteurs par hélicoptère. Un jour, j'ai accompagné Richard jusqu'à la rampe de décollage et je les ai regardés monter, lui, le maquilleur, et l'un des assistants, dans l'appareil. J'eus soudain un pressentiment.

« Sortez de là, les gars ! » les ai-je suppliés.

Ils se contentèrent de me regarder.

« Richard, descends, descends, c'est tout ! » répétai-je d'un ton ferme.

Richard ne discuta pas. Il ne le faisait jamais quand j'étais dans un tel état. Les trois hommes descendirent et montèrent à bord d'un autre hélicoptère. Quant à moi, je suis rentrée à la maison. Une heure plus tard environ, Richard et Ron revinrent, visiblement bouleversés. On ne tournerait pas de la journée, car l'hélicoptère qu'ils n'avaient pas pris s'était écrasé dans la montagne, tuant tous ses passagers.

L'histoire est un peu différente, mais j'ai appris la mort de Gary Cooper d'une étrange façon. Coop et moi étions très amis, et j'ai su qu'il était atteint d'un cancer bien avant que la nouvelle fût rendue publique. Une nuit, j'ai rêvé de Coop. Il était allongé dans une petite pièce toute blanche. Rocky, sa femme, était assise sur une chaise, à son chevet. Telle une caméra, mon regard fit le tour de la pièce. Pendant ce temps, une infirmière prit la place de Rocky. Soudain, le corps de Coop fut secoué de spasmes. Sa tête fut rejetée en arrière. Les tendons de son cou étaient saillants. Ils firent basculer son visage vers l'avant. Son beau visage était distordu. C'était terrifiant. Dans mon rêve, j'avais vu la mort, la vraie, pour la première fois de ma vie. L'infirmière recouvrit d'un drap le visage de Coop. Sa sueur transperçait le tissu. Sur la table de nuit, un réveil indiquait 12 h 25. C'était la dernière image de mon rêve. A ce moment précis, je me suis réveillée et, sans y penser, j'ai écrit sur la boîte de Kleenex qui se trouvait près de mon lit : Coop est mort à 12 h 25. Le lendemain matin, à mon réveil, j'ai appelé le médecin de Coop, qui m'apprit qu'il était encore en vie, même si celle-ci ne tenait plus qu'à un fil. Je lui ai raconté mon rêve. Un peu plus tard, dans l'après-midi, le médecin me téléphona pour me dire que Gary Cooper était mort à 12 h 25.

Quand Mike est parti, je n'ai pas dormi de la nuit. Quelque chose me perturbait, quelque chose d'inexplicable. Mike m'avait promis de m'appeler à six heures du matin, en s'arrêtant à Albuquerque pour refaire le plein. Vinrent six heures, puis six heures et demie, sept heures, sept heures et demie, et toujours aucune nouvelle. JE SAVAIS. Et quand la porte s'ouvrit et que Dick Hanley, mon secrétaire, et le médecin pénétrèrent dans ma chambre, je me suis mise à hurler avant même qu'ils aient ouvert la bouche.

« Non, ce n'est pas vrai ! »

Le chagrin faillit me faire perdre la raison, mais je n'ai pas l'intention de m'appesantir ici sur mon désespoir, sur l'horreur de cette période. Honnêtement, je ne croyais pas y survivre et cela m'était égal. Je m'en suis sortie parce qu'il le fallait mais, pendant des années, je suis restée enchaînée à la mémoire de Mike. Je ne parvenais pas à le laisser partir. J'ai fait refondre son alliance, que l'on avait retrouvée dans l'épave, pour qu'elle soit à ma taille. Je l'ai portée tous les jours jusqu'à ce que quelqu'un qui m'aimait me demande de la retirer. J'ai eu deux grands amours dans ma vie. Mike Todd fut le premier.

J'ai eu deux grands amours dans ma vie. Mike fut le premier

Quand la MGM apprit la mort de Mike Todd, le studio envoya une délégation me faire une visite de condoléances. Au bout de quelques minutes à peine, je me rendis compte que leur présence était plus motivée par la panique que par la compassion. Ils avaient un film en train et ignoraient quand l'une des vedettes principales serait à même de reprendre le travail. Ils eurent le culot de me demander si j'allais revenir sur le plateau. Je ne parvenais pas à croire qu'ils me parlaient d'un film. Mon mari était mort, et ils ne pensaient qu'à leur foutu box-office. Cela n'aurait pas dû me surprendre. A Hollywood, les stars étaient des produits, pas des êtres humains. Dans l'ensemble, les cadres dirigeant les studios n'imaginaient pas que l'on puisse souhaiter prendre le temps d'être une épouse ou une mère ni celui de pleurer un être cher.

Cette visite des huiles de la MGM me plongea dans l'abîme. J'ai crié à ces salauds de sortir. J'étais folle de chagrin. Ma secrétaire était si inquiète qu'elle appela Richard Brooks qui se déplaça immédiatement. Pauvre Richard, je me suis mise à hurler avant qu'il ait pu prononcer un mot.

« Ah, tu es là, toi aussi ? Tu veux savoir si je vais me remettre au travail ? »

Richard laissa sagement passer la tempête et me conseilla avec douceur de garder mon énergie pour les obsèques. Je devais prendre l'avion pour Chicago, et Richard était persuadé que nos admirateurs ne me ménageraient pas.

« Ils sont capables d'arracher les bagues de tes doigts en s'imaginant que c'est lui qui te les a données et, poursuivit-il, quant au film, ce n'est qu'un film. Nous tournerons sans toi aussi longtemps que nous le pourrons et, si tu ne veux pas revenir, nous trouverons quelqu'un d'autre. Ne t'inquiète pas. »

Plus tard, j'ai appris qu'ils avaient tourné quelques bobines avec une doublure. Richard l'avait fait courir, sur l'écran, en combinaison, et avait filmé de sorte que l'on ne voie pas son visage. Jamais il ne m'appela pour me demander si je revenais. Il m'a laissée tranquille, même quand les responsables de la production menacèrent de tout annuler. C'était la meilleure chose à faire.

Quand je suis revenue de l'enterrement (qui fut l'un des épisodes les plus douloureux de mon existence), ma détresse était telle que je ne pouvais plus ni penser, ni dormir, ni manger. J'ai perdu cinq kilos en une semaine. Ma famille et mes amis m'apportèrent leur soutien, mais personne ne pouvait m'aider. Sidney Guilaroff dormait sur un divan qui se trouvait dans ma chambre. Il craignait de me laisser seule. Ce fut bien pire que le traumatisme de mon premier divorce. Mais, une fois encore, ce fut le travail qui me rendit la raison.

Au bout de quelque temps, Sidney commença à me parler du film, me rappelant que Mike souhaitait que je le fasse et à quel point il était fier de ma prestation. Puis, gentiment, affectueusement, il me laissa entendre que, si je terminais ce film, la fierté de Mike serait justifiée. Sidney avait raison. Mike aurait voulu que la vie continue, je le savais. Un matin, sans prévenir le studio, je me suis habillée et je me suis rendue à la MGM. On alla chercher Richard Brooks, qui s'approcha de ma voiture.

« Je deviens folle, lui dis-je. Je ne sais que faire de mes journées. Mike disait que le film serait très bon. Est-ce que je peux revenir ? »

Richard me demanda quand je voulais commencer.

« Tout de suite », lui ai-je répondu.

Je suis allée à l'habillage, je me suis fait coiffer, maquiller et je suis retournée sur le plateau.

Quand j'ai dit qu'à Hollywood on n'avait pas de cœur, je faisais allusion à ceux qui ne s'intéressent qu'aux dollars. Ceux qui y travaillent, les acteurs et les techniciens, sont les gens les plus merveilleux et les plus délicats au monde. Richard Brooks, toute la distribution et l'équipe technique de *La Chatte sur un toit brûlant* m'ont aidée à reprendre mon rôle en douceur. C'est grâce à leur soutien que j'ai pu m'y perdre.

Mon amaigrissement était très inquiétant. Je rétrécissais littéralement. On dut retoucher plus d'une fois la robe blanche que je portais dans bon nombre de scènes. J'étais assez jeune pour ne pas paraître émaciée, mais je n'en étais pas loin quand Richard imagina un stratagème pour me faire manger. Dans l'une des scènes du film, Big Daddy a quitté l'hôpital et rentre à la maison où l'attend un dîner de fête. Ses petits-enfants, les « monstres sans cou », comme les appelle Tennessee Williams, courent en hurlant tandis que les autres personnages sont assemblés autour d'une immense table couverte de victuailles : jambon de Virginie cuit au four, biscuits, épis de maïs et des tas d'autres choses que j'adorais et dont la seule vue me révulsait, à ce moment-là. Mon dialogue était très restreint dans cette scène et, d'après le scénario, j'étais censée rester à table. On entendit « moteur ! ».

« Mange, Elizabeth, mange ce qui est sur cette table ! » cria Richard.

J'ai obéi aux instructions du réalisateur, je me suis dirigée vers la table, j'ai pris un morceau de poulet et je me suis forcée à l'avaler. Ma gorge s'était rétrécie et desséchée, et ce n'était pas chose aisée. Richard fit un nombre incalculable de prises, essayant tous les angles. « Mange, Elizabeth, mange ! » criait-il chaque fois. Il fallut une journée entière pour tourner cette scène. A la fin, j'avais presque retrouvé mon appétit. Je mangeais même quand on ne me l'ordonnait pas. Quand le tournage prit fin, toute l'équipe technique applaudit. Je me rendis compte que cette scène était un coup monté. Richard Brooks avait organisé tout cela pour m'obliger à manger, et le reste de l'équipe faisait partie de la conspiration.

La Chatte sur un toit brûlant remporta un énorme succès. Je suis fière de ce que j'ai fait et je pense que cela m'a aidée à reprendre progressivement le dessus après la mort de Mike, au lieu de me noyer dans ma peine. Le film fut nominé six fois pour les Oscars, mais n'en obtint aucun. Deux ans plus tard, je reçus l'Oscar de la meilleure actrice pour un film que j'exécrais. Hollywood est ainsi fait.

La première fois que mon poids devint un sujet de préoccupation fut parce que j'étais trop mince. Il est intéressant de le noter. Après le tournage de *La Chatte sur un toit brûlant,* j'ai continué de manger avec mon appétit habituel. Je ne me faisais aucun souci pour mon poids et, en attendant le début du film suivant, je me suis même laissée envahir par quelques kilos superflus. A cette époque, rares étaient les femmes qui faisaient régulièrement de l'exercice physique. Je n'en faisais donc aucun pour me maintenir en forme. J'adorais l'équitation et j'ai toujours aimé nager et marcher. Mais l'idée d'enfiler un justaucorps et de me mettre à sautiller ne me plaisait guère et ne m'enchante toujours pas. Mes problèmes physiques en sont probablement responsables. Ils m'empêchent de faire régulièrement de l'aérobic. Mais, ironie du sort, si je m'étais entraînée sérieusement dans ma jeunesse, j'aurais sans doute eu moins de problèmes en vieillissant.

Quoi qu'il en soit, au moment de commencer le

tournage de *Soudain, l'été dernier* [1], d'après une autre pièce de Tennessee Williams, mes vêtements me serraient désagréablement.

« Elizabeth, vous devrez perdre quelques kilos, me dit Joe Mankiewicz, le réalisateur, quand j'arrivai sur le plateau. Et, pour l'amour du ciel, faites travailler vos muscles. On a l'impression que vous avez des sacs de souris mortes sous les bras. »

C'est sans doute le film atroce et cannibalesque qu'il allait faire qui lui inspira cette image. Ce fut la première fois que mes bras me donnèrent des complexes. Je ne me rappelle pas lui avoir obéi. Je n'ai pas vraiment tonifié mes muscles, mais j'ai perdu quelques kilos. On ne me fit plus aucune réflexion. Le tournage commença et, une fois de plus, mon travail m'absorba complètement.

Entre-temps, j'avais épousé Eddie Fisher. Dans la journée, mon travail me soutenait. La nuit, c'était l'enfer. J'étais si malheureuse, si vulnérable. Je ne supportais pas la solitude de cette vie sans l'homme que j'aimais vraiment. Je ne dormais pas et, à mesure que les semaines passaient, mon insomnie s'aggravait. Je pris des somnifères. C'était le seul moyen que je connaissais pour me lever à cinq heures du matin sans avoir l'air d'un zombie. A sept heures, je devais parfois jouer une scène capitale. Non seulement j'avais besoin de faire une bonne nuit, mais il y avait en plus la tension des principales scènes dramatiques, que nous tournions avant le lever du soleil. Seule une actrice de cinéma peut comprendre la tension nerveuse qu'engendre une telle situation. On est vêtu d'une robe du soir, on pleure ou on crie d'une façon hystérique quand le commun des mortels est encore profondément endormi. Alors que le mental reste conscient que ce n'est que de la fiction, le corps réagit comme si la détresse émotionnelle était réelle. Je sais maintenant

---

1. *Suddenly Last Summer,* de Joseph L. Mankiewicz, 1959.

que tous les barbituriques créent une dépendance mais, à ce moment-là, je n'y voyais qu'une sorte de béquille qui devait me soutenir jusqu'à ce que je me remette de la mort de Mike.

La première fois que mon poids devint un sujet de préoccupation, c'était parce que j'étais trop mince

Mes relations avec Eddie Fisher avaient commencé pendant cette période d'extrême vulnérabilité. Mike et lui étaient bons amis. Il nous semblait naturel de nous consoler mutuellement de la perte que nous venions de subir. Nous buvions et nous parlions de Mike, des heures durant. Mon intense solitude et la proximité d'un être qui était si proche de celui que j'aimais tant me rendirent très émotive. Avec le recul, j'ai conscience que je n'avais pas les idées claires. Je pensais qu'il avait besoin de moi et moi besoin de lui.

Quand Eddie quitta sa femme, Debbie Reynolds, la presse s'en donna à cœur joie. Leur couple était pourtant mal en point, bien avant mon entrée en scène. C'était quand même démoralisant d'ouvrir les journaux pour y lire, jour après jour, sous les légendes des photos, que j'étais de celles qui brisaient les foyers. Les médias aiment le scandale. Je n'ai pas cherché à m'expliquer alors et je n'ai nullement l'intention de le faire aujourd'hui.

En 1959, je me suis convertie au judaïsme. Cela n'avait absolument aucun rapport avec mes mariages passés ou à venir avec Mike Todd et Eddie Fisher, qui étaient tous deux juifs. Cela faisait très longtemps que je voulais le faire. C'est le rabbin Max Nussbaum qui m'a convertie et donné le nom hébreu d'Elisheba Rachel. Les relations étant tendues entre Israël et le monde arabe, mes films furent interdits dans les pays arabes. Le plus drôle, c'est que, quatre ans plus tard, *Cléopâtre* ne sortit pas en Egypte pour cette même raison.

J'ai épousé Eddie le 12 mai 1959 et, peu après, nous faisions tous les deux partie de la distribution d'un des films que j'aime le moins.

Quand Mike Todd était encore en vie, il s'était entendu verbalement avec la MGM pour que celle-ci me dégage de l'obligation de tourner *La Vénus au vison*[1]. Je détestais le scénario et n'avais nullement le désir d'interpréter une New-Yorkaise. Après la mort de Mike, le studio revint sur ses engagements et me força à faire le film. Bien qu'Eddie y ait participé, j'ai détesté ce film du début à la fin. Tout d'abord, je n'aimais pas mon personnage. Gloria Wandrous était une putain. Il n'y avait rien en elle qui me séduisît. Je me souviens d'une scène où je griffonnais quelque chose au rouge à lèvres sur un miroir qui étincelait à l'écran. Quand j'ai visionné ce passage, je me suis avancée vers l'écran, j'ai sorti mon tube de rouge à lèvres, et j'y ai écrit un mot très grossier. Même si c'est ce film qui m'a valu l'Oscar, je le déteste encore aujourd'hui. Et cet Oscar ! La plupart des gens s'accordent pour dire que j'aurais dû l'obtenir pour *La Chatte sur un toit brûlant* ou bien pour *Soudain, l'été dernier*. C'étaient des films importants, et ma prestation personnelle y était excellente. Je me suis contentée de traverser *La Vénus au vison*. C'est l'un des exemples où l'Académie réagit avec retard et vous accorde une récompense pour le film qui suit et qui n'est qu'une œuvre mineure. Joan Fontaine connut la même mésaventure quand elle reçut un Oscar pour *Soupçons*[2], et

1. *Butterfield 8,* de D. Mann, 1960.
2. *Suspicion,* d'Alfred Hitchcock, 1941.

non pour *Rebecca*[1]. Et quelques années auparavant, Bette Davis avait obtenu le prix de la meilleure actrice pour *L'Intruse*[2], alors qu'elle avait été remarquable dans *L'Emprise*[3]. J'avais été tellement malade que l'Académie voulait, j'en suis certaine, me récompenser avant qu'il ne m'arrive quoi que ce soit de fâcheux.

C'est avec *La Vénus au vison* que se termina mon long contrat avec la MGM. Je les ai quittés en attendant avec impatience de prendre un nouveau départ avec la Twentieth Century Fox. *Cléopâtre* fut l'un des premiers scénarios que l'on me montra. Le studio envisageait un certain nombre de comédiennes, d'Audrey Hepburn à Marilyn Monroe, pour le rôle. Je n'en trouvai pas moins le scénario assez médiocre. Cela dit, l'idée d'interpréter cette reine d'Egypte ne me déplaisait pas et, en plaisantant à moitié, j'informai Walter Wanger, le producteur, que j'accepterais le rôle à condition d'être payée un million de dollars, plus dix pour cent des recettes brutes. A mon grand étonnement, le studio acquiesça. Ils se disaient probablement qu'avec mon visage et mes nombreux mariages j'étais une valeur d'un rapport sûr.

Je me suis donc retrouvée dans un avion en partance pour Rome, en compagnie d'un brillant interprète de Shakespeare, appelé Richard Burton.

Petite fille, je croyais déjà en mon destin. Si ce destin a existé, ce fut certainement Richard Burton. Pendant très longtemps, il fut ma vie.

Malgré tout ce que la presse a pu écrire au début de notre liaison, je n'ai jamais rien regretté. Je crois qu'il faut prendre la vie entre ses mains et la presser comme un citron. En cinquante-six ans, j'ai connu de grands bonheurs et de grandes tragédies, mais je ne les ai pas fuis. J'ai

1. *Rebecca,* d'Alfred Hitchcock, 1940.
2. *Dangerous,* d'Alfred E. Green, 1935.
3. *Of Human Bondage,* de John Cromwell, 1934.

toujours été dominée par mes passions, je le reconnais, et je ne prétends pas avoir agi sans savoir quand je me suis liée à Richard. En fait, j'y avais beaucoup réfléchi, ce qui était tout à fait nouveau pour moi.

J'avais déjà rencontré Richard quand j'avais dix-neuf ans et que j'étais enceinte de mon premier enfant. Celui-ci tournait *La Tunique*[1] et, comme il avait connu Michael Wilding à Londres, nous l'avions invité à passer un après-midi au bord de la piscine. Richard avait usé de son charme, ce qui n'était pas très difficile, car c'était un grand conteur, mais j'étais restée à lire, allongée sur un matelas. Cela l'avait rendu fou. Il ne m'intéressait pas, c'était tout. Après tout, j'étais une femme mariée et enceinte jusqu'au cou.

Quand je l'ai revu sur le plateau de *Cléopâtre,* tout avait changé. Non seulement je lui ai prêté attention, mais je suis tombée amoureuse et, depuis ce jour-là, je l'aime. Ça dure en fait depuis le début, ou presque, de ma vie adulte. Même quand nous ne pouvions plus vivre ensemble, nous nous aimions toujours. Mes sentiments pour lui sont encore si forts que je ne peux pas en parler sans me laisser gagner par l'émotion. Il y a quelques mois, j'ai allumé la télévision, un soir où l'on diffusait *Qui a peur de Virginia Woolf?*[2] Depuis la mort de Richard, j'évitais de regarder ses films. Cela m'était trop pénible. Ce soir-là, j'ai décidé de ne plus fermer les yeux. Au fur et à mesure que le film avançait, je me suis laissée gagner par la joie et la fierté. Nous avons fait quelque chose de bien, quelque chose que nous aurons toujours. Quelle chance j'ai eue d'y participer ! C'était stupide de refouler ces souvenirs, et je suis heureuse de m'être forcée à regarder ce film. Ensemble, nous étions vraiment bons.

---

1. *The Robe,* de Henry Koster, 1953.
2. *Who's Afraid of Virginia Woolf?* de Mike Nichols, 1966.

J'ai toujours été dominée par mes passions, je le reconnais

Que dire de ma vie avec Richard Burton, sinon qu'elle fut transcendée par le bonheur ? Il a élargi mon horizon de mille façons. Il m'a initiée à la poésie et à la littérature. Il m'a fait vivre une vie épanouissante qui, aux yeux du public, paraissait beaucoup plus hédoniste qu'elle ne l'était en réalité. Il était généreux, non à l'excès, mais avec faste. J'aimais les belles choses et Richard me couvrit des gages resplendissants de son amour. Le diamant Krupp ne fut qu'une splendeur parmi d'autres, celle qui connut la plus grande publicité. J'adore les pierres précieuses, mais pas parce qu'elles m'appartiennent. A vrai dire, je me suis toujours considérée comme la gardienne des objets extraordinaires que l'on m'offrait.

Je me souviens d'un mariage à Londres, où j'étais assise à côté de la princesse Margaret.

« Est-ce là votre fameux diamant ? me demanda-t-elle en regardant ma bague.

— Oui », lui répondis-je en levant la main pour qu'elle puisse mieux le voir.

Elle l'examina de nouveau.

« Il est tellement gros ! Comme c'est vulgaire !

— Oui, lui répondis-je. N'est-ce pas formidable ?

— Cela vous ennuierait que je l'essaie ? poursuivit la princesse.

— Pas du tout », dis-je en lui glissant la bague dans la main.

Richard et moi, nous avons eu une vie pleine à ras bord, mais nous avons payé pour cela. *Cléopâtre* n'en était que le début, et ce ne fut facile ni pour l'un ni pour l'autre. Nous savions que nous allions faire du mal à des êtres qui nous étaient chers. A la fin, notre attirance réciproque était si forte que nous étions incapables de la refréner. Chacun de nous était marié, et je me faisais beaucoup de souci pour Maria, le bébé allemand que je venais d'adopter. Je voulais désespérément un autre enfant et, comme je ne pouvais plus en avoir moi-même, j'avais adopté une jolie petite fille, handicapée par un grave problème à la hanche (après de nombreuses opérations, son état redevint normal. Aujourd'hui, elle est grande, charmante et ne boite absolument pas). Maria n'était qu'une toute petite fille, mais je redoutais que le scandale ne l'affecte. Cela faillit se produire quand le journal du Vatican me traita de mère indigne, déclarant que l'on devrait me retirer l'enfant. Grâce au ciel, j'ai pu la garder.

Plus tard, Richard adopta légalement Maria. La première année, Richard et moi étions torturés par le chagrin que nous causions aux autres. Mes rapports avec Eddie allaient à vau-l'eau, mais Richard aimait énormément sa famille, et l'idée de quitter sa femme le tourmentait. Nous avons vécu ensemble quelque temps. Nous n'étions pas les premiers à rompre avec la tradition, mais nous étions certainement parmi les plus voyants. Nous avons chacun fini par divorcer, pour nous marier le 15 mars 1964.

Après *Cléopâtre,* nous avons tourné *Hôtel International*[1], une histoire écrite pour nous deux. Ensuite, nous nous sommes « installés », et la carrière de Richard occupa le centre de la scène. Il tourna *Becket*[2] et *La Nuit de l'iguane*[3], puis on nous proposa *Le Chevalier des sables*[4]. Encore un scénario qui n'avait rien de génial. Après le tournage, on ne me proposa plus de rôles importants. C'était du moins mon avis.

1. *The V.I.P.'s,* d'Antony Asquith, 1964.
2. *Becket,* de Peter Glenville, 1964.
3. *Night of the Iguana,* de John Huston, 1964.
4. *The Sandpiper,* de Vincente Minnelli, 1965.

Il est un vieil adage hollywoodien selon lequel « on ne vaut que ce que vaut son dernier film ». Peu importe que l'on ait été en tête du box-office pendant des années. Vous pouvez couvrir vos murs de prix et de citations, aligner les Oscars sur votre bibliothèque, si votre dernier film a fait un bide, vous êtes, en parler hollywoodien, « bon à jeter ».

Vous pensez peut-être que les grandes stars échappent à cette règle. Il n'en est rien, je peux vous l'assurer. Il y a quarante ans, après une suite de premiers échecs retentissants, Katharine Hepburn était considérée comme un poison du box-office. Elle retourna à Broadway et retrouva une place de tout premier plan à Hollywood quand elle racheta les droits de *Philadelphia Story*[1] et l'interpréta elle-même.

Je me suis souvenue de Kate et j'étais bien décidée à reconquérir ma place d'actrice. Pour une fois, je voulais un rôle qui ne se contente pas d'exploiter mon visage ou le côté spectaculaire de mon existence. Je souhaitais aussi jouer avec Richard dans un film sérieux.

Après avoir cherché à droite et à gauche, nous avons eu la chance de tomber sur *Qui a peur de Virginia Woolf?* A trente-deux ans, j'avais l'occasion de jouer une virago qui en avait cinquante. Auparavant, chaque fois qu'il fallait me vieillir, il suffisait de me faire des cheveux grisonnants. Dans *Géant,* où Rock Hudson et moi étions grands-parents, à la fin du film, nous n'avions presque aucune ride sur le visage. Cette fois-ci, je voulais jouer ce rôle et en avoir le physique.

Ce qui est intéressant, c'est que Mike Nichols, le réalisateur, pensait que je paraîtrais plus vieille si je perdais quelques kilos. Je lui répondis que le seul moyen de paraître plus mûre, c'était au contraire d'en prendre quelques-uns. J'avais raison. Bien des années plus tard,

1. *Philadelphia Story,* de George Cukor, 1941.

quand j'ai maigri après mon séjour à Washington, des amis m'ont dit que j'avais rajeuni de vingt ans.

Pendant plusieurs semaines, je me suis donc goinfrée de tout ce que j'adorais : poulet frit, purée de pommes de terre et jus de viande, crèmes glacées et lait malté aux céréales. Après *Le Chevalier des sables,* certains critiques me trouvaient rondelette. Je fus ravie de lire ce qu'une femme, elle-même critique, leur avait répondu : « Elizabeth Taylor, une femme à hommes, est bâtie comme une femme, avec des rondeurs et tout le reste. Que veulent-ils, une actrice bâtie comme un garçon de quatorze ans ? »

Pour *Virginia Woolf,* j'avais décidé qu'on ne débattrait pas de ma silhouette. Je serais une grosse matrone. J'avais toujours soixante centimètres de tour de taille, mais mes hanches et mon buste avaient épaissi. Au maquillage, on m'appliqua des ajouts de caoutchouc sous les yeux et le menton, un peu de rembourrage autour de la taille. J'avais véritablement l'apparence de mon personnage.

Après *Virginia Woolf,* j'ai tourné *La Mégère apprivoisée*[1] et j'ai dû suivre un régime draconien. Au bout de quelques semaines, je me trouvais bien. On ne peut plus jouer avec sa silhouette quand on a plus de trente ans. Sur les clichés des films que j'ai tournés à la fin des années soixante et au début des années soixante-dix, mes formes étaient un peu trop généreuses. J'ai toujours eu de la poitrine, mais dans des films comme *Cérémonie secrète*[2] et *Las Vegas, un couple*[3], j'étais plutôt boulotte. Je crois honnêtement que la responsabilité en incombe à la vie délicieuse que je menais avec Richard qui, soit dit en passant, ne prit pas un gramme, alors qu'il ne se refusait rien, lui non plus.

Nous nous sommes beaucoup amusés, mais nous essayions de ne pas mêler plaisir et vie professionnelle.

---

1. *The Taming of the Shrew,* de Frank Zeffirelli, 1966.
2. *Secret Ceremony,* de Joseph Mankiewicz, 1968.
3. *The Only Game in Town,* de George Stevens, 1969.

Notre devise aurait pu être : « Buvons, mangeons et soyons gais, car, demain, nous reprenons le collier. » Même si nous avons traversé des périodes difficiles, je ne renie pas une minute passée avec Richard Burton. Pas un moment des années en montagnes russes de notre premier mariage, pas un instant de notre seconde tentative qui ne fut pourtant pas bénie des dieux. Nous étions comme deux aimants, nous attirant et nous repoussant inexorablement. Il était beaucoup plus important de bâtir une vie avec lui que d'interpréter la vie d'une autre à l'écran. J'ai toujours vécu avec trop d'appétit pour n'être que l'interprète des

Je ne renie pas une minute passée avec Richard Burton

rêves des autres. Avec Richard Burton, j'ai vécu mon propre fantasme, fabuleux et passionné. Puis ce fut trop lourd à assumer, et nous nous sommes séparés physiquement, mais je n'oublierai jamais ces années-là.

Plus tard, à Washington, quand je me suis rendu compte qu'il fallait faire quelque chose, tant pour ma vie que pour ma silhouette, les souvenirs des jours passés à Rome et en Suisse m'ont donné la force de créer un nouveau rêve.

4.

De l'instant où je me suis regardée dans le miroir à trois faces de Georgetown, j'ai décidé de maigrir, et ma détermination n'a jamais vacillé. Le chemin ne fut pas toujours droit, et j'ai chuté plus d'une fois, mais je n'ai pas perdu confiance, certaine que je finirais par retrouver la maîtrise de ma vie et de mon corps. Je me rappelais parfois une histoire que racontait Richard, celle d'Edith Evans, une actrice anglaise. Dame Edith était une artiste impressionnante, mais pas une grande beauté. Sur scène pourtant, elle était souvent éblouissante. Quel était son secret ? « Je suis belle. Je suis belle. Je suis belle », se disait-elle avant d'apparaître. Et elle l'était.

Quand le « déclic » se produisit à Washington, j'eus la ferme volonté de redevenir mince et heureuse. Et j'ai fini par y parvenir.

L'entreprise me sembla d'abord désespérée. Puis je me suis dit que cela avait dû être pénible pour ma famille et mes amis de me voir me détruire. Alors, j'ai réussi à ne plus m'apitoyer sur moi-même et à maigrir. Quand mon poids évoluait en dents de scie, je ne me leurrais plus comme autrefois. J'étais irrévocablement consciente de ce que j'étais devenue et fermement décidée à changer.

A la seconde même où j'ai résolu d'agir, je me suis sentie mieux. Ce sentiment n'avait rien d'extraordinairement puissant ni de permanent, mais il était assez fort pour me faire avancer. Le seul fait de prendre une décision n'arrange pas tout automatiquement. Ce serait une autre illusion que de le croire. Heureusement, quand j'ai pris une décision et bien que je ne sois pas la plus disciplinée des femmes, j'ai une volonté de fer.

Je me connaissais suffisamment pour savoir que j'avais besoin d'un catalyseur pour me mettre sur la bonne voie et m'y maintenir. Je devais me mettre à l'épreuve, physiquement et mentalement, et me jeter à corps perdu dans la tâche que je me serais assignée. Je me suis naturellement tournée vers ma profession et, pour un acteur ou une actrice habitué(e) au cinéma, le test le plus imparable a toujours été la scène. Les deux disciplines, théâtre et cinéma, requièrent des méthodes différentes, et les comédiens de théâtre passent souvent de longues années à étudier leur art. Moi, je n'avais pas de technique. Je n'avais jamais pris de cours. Je suis détendue pendant les répétitions et je ne lâche la bride à mon émotion que lorsque la caméra tourne. Cette approche, qui est la mienne, rend parfois les choses difficiles pour ceux qui

Je devais me mettre à l'épreuve, physiquement et mentalement

travaillent avec moi. Je n'oublierai jamais un incident qui se produisit pendant le tournage de *La Chatte sur un toit brûlant*.

Après que nous eûmes répété une scène où le dialogue était abondant, Paul Newman s'avança vers le réalisateur.

« Est-ce que ça va être comme ça quand nous tournerons ? lui demanda-t-il.

— Je ne crois pas, répondit Richard Brooks. Je pense que ça prendra forme. »

Nous nous sommes donc placés devant la caméra, et là, bien sûr, j'ai explosé.

« Qu'est-ce qui se passe? s'exclama Paul quand Brooks eut crié : Coupez!

— Il faut que vous compreniez, lui expliqua le réalisateur, Elizabeth ne répète pas comme vous. Elle passe tout le texte en revue pour prendre ses repères, mais elle ne peut se donner à fond que quand elle est sûre que c'est pour de bon. »

Beaucoup plus tard, dans un film que nous tournions, Richard et moi, celui-ci dut atténuer certaines techniques de théâtre classique, qui chargeaient trop son jeu à l'écran. En décidant de m'attaquer au théâtre, je savais comment je devais m'adapter. Je choisis un projet, *The Little Foxes* de Lilian Hellman, et ce fut, je crois, un excellent choix. C'étaient Tallulah Bankhead à la scène et Bette Davis à l'écran qui avaient incarné Regina Giddons, une femme vorace, avec une volonté de fer et un charme infini. C'était un rôle extrêmement stimulant, une femme du Sud, robuste, frustrée par une éternelle pauvreté et par son sens de la bienséance. J'espérais faire ressortir tant sa nature sensuelle que sa voracité venimeuse. Après *La Chatte sur un toit brûlant*, *L'Arbre de vie*[1] et *Soudain, l'été dernier*, je prenais très facilement l'accent traînant du Sud.

Pour ce rôle, il me fallait bien entendu perdre du poids, ce qui m'avait d'abord incité à l'accepter. Pour aller plus vite, je me suis rendue dans un établissement de cure. Là, j'ai réussi à perdre quelques kilos et à reprendre confiance. J'y suis allée plusieurs fois et, chaque fois, je maigrissais. Mais, dès que je rentrais à la maison, j'étais découragée, car je ne maigrissais plus avec la même régularité.

1. *The Raintree County*, d'Edward Dmytryck, 1957.

Un jour, je fis des courses avec John Warner. A cette époque, j'avais perdu cinq kilos et je me plaignais parce que je ne parvenais pas à perdre les cinq suivants.

John réfléchit en silence, puis il se dirigea vers le rayon de boucherie.

« Prends cette dinde là-bas, Elizabeth, dit-il.

— Dieu, qu'elle est lourde ! m'écriai-je en l'extirpant du bac réfrigérant.

— Regarde combien elle pèse. »

J'ai jeté un coup d'œil sur l'étiquette.

« Elle fait un peu plus de cinq kilos.

— D'accord, tu peux la remettre, répondit John.

— On ne l'achète pas ?

— Non, ma chère, je voulais juste te faire prendre conscience d'une chose. Te rends-tu compte que tu as presque perdu le poids de cette volaille que tu trouvais si lourde ? »

La remarque de John produisit l'effet voulu. Cinq kilos, c'était beaucoup. J'avais déjà perdu une « dinde ». J'aurais dû être fière de moi au lieu d'être impatiente de ne pas avoir atteint assez vite l'objectif suivant. Plutôt que de penser que je pesais cinq kilos de plus que le poids que je désirais atteindre, mieux valait me dire que j'avais déjà fait la moitié du chemin. Tous ceux qui suivent un régime ont besoin, de temps à autre, d'être encouragés. John m'a aidée au bon moment.

Mes cures à Palm Aire m'ont aussi aidée à adopter une attitude positive. Pour la première fois depuis des années, j'étais obligée de suivre, sous contrôle, un programme comprenant un régime et un peu d'exercice physique. Je me suis rendu compte que ce n'était pas si difficile quand les plats étaient bien préparés et bien présentés. Bien entendu, peu de femmes peuvent s'offrir une cure, et ces établissements de soins ne constituent pas une solution définitive. L'important, c'est d'avoir la même discipline à la maison. Je n'ai perdu régulièrement du poids qu'à partir du jour où j'en ai été capable. Palm Aire a néanmoins joué un rôle important en me préparant pour *The Little Foxes*. Après plusieurs séjours, je suis passée d'à peu près quatre-vingts kilos à soixante-trois kilos, ce qui fait beaucoup de dindes.

Un incident précis me revient en mémoire. Je me faisais bronzer au bord de la piscine pendant le déjeuner. Je savais que je serais tranquille puisque les autres curistes étaient dans la salle à manger. J'allais m'endormir quand j'entendis quelqu'un scander dans l'eau : « Et un et deux », comme nous le faisions pendant les cours de gymnastique. J'ai ouvert les yeux et j'ai aperçu une jeune femme qui s'entraînait. De toute évidence, elle avait, comme moi, choisi cette heure de la journée pour être seule. Elle n'avait pas plus de vingt et un ans et elle était très grosse. La pauvre fille luttait pour continuer, mais je voyais bien qu'elle perdait courage. La peur et la colère peintes sur son visage firent vibrer en moi une corde sensible. Je me suis approchée du bord de la piscine.

« Ne forcez pas, lui ai-je dit. Vous y arriverez. Je sais exactement ce que vous ressentez. Au début, moi aussi, je trouvais ça difficile. Ne vous énervez pas et ne soyez pas frustrée. En fait, pourquoi ne pas essayer ensemble ? »

Je me suis glissée dans l'eau pour effectuer les exercices avec elle. Plus tard, un de nos moniteurs m'a dit que cette fille était alors si déprimée qu'elle était sur le point d'abandonner. En l'encourageant, je lui ai donné la force de continuer. C'est l'un des avantages des cures. On ne se bat pas tout seul. Même en restant à la maison, une femme peut trouver le même genre de soutien en suivant des cours de gymnastique et en participant à des groupes de régime. Le soutien de la famille et des amis est aussi important, mais je sais, par expérience, qu'il faut être prêt à l'accepter.

Entre-temps, ayant perdu plus de treize kilos, je m'apprêtais à attaquer les répétitions. J'ignorais que cette pièce serait la première étape de mon changement d'existence. Mais j'avais un travail quotidien, des gens autour de moi qui avaient besoin de moi et qui me respectaient, ce qui me redonna ce respect de moi-même que j'avais perdu pendant les journées solitaires où je restais à la maison et où je me laissais aller. De plus, comme j'étais l'épouse d'un sénateur, je pensais avoir le droit d'être comme je voulais, même en public. L'actrice professionnelle, elle, savait qu'elle était responsable de son image devant ceux qui avaient payé pour la voir.

Je me suis jetée à corps perdu dans cette pièce. Je savais que le théâtre était très différent du cinéma, qu'il n'y aurait pas d'autre prise après le lever du rideau. Le soir de la première, tout est joué. C'est cette représentation-là qui détermine définitivement l'impression du public. Fascinant !

Mon vieil ami Mike Nichols, le réalisateur de *Qui a peur de Virginia Woolf?* passait souvent me voir. C'était surtout ma voix qui le préoccupait. Il craignait qu'on ne m'entende pas du fond du théâtre. Il faut se rendre à l'évidence, je ne suis pas Judith Anderson. Dans les films, le dialogue était toujours soutenu par une bande sonore. Et, bien que ma voix soit devenue plus grave avec l'âge, dans les moments de grande émotion, elle est parfois aiguë et flûtée. Mike voulait me faire prendre des cours pour l'éduquer avant de tourner *Qui a peur de Virginia Woolf?* Je lui ai affirmé que je pouvais la baisser moi-même de quelques tons et, au bout de deux semaines, j'y suis parvenue.

A présent, Mike craignait que les exigences de la scène ne dépassent mes possibilités.

« Mon chou, disait-il, tu n'as aucun entraînement ! Tu seras incapable de faire porter ta voix !

— Mike, tu as voulu me faire prendre des cours pour ton film et j'ai refusé, tu te souviens ? rétorquai-je. J'ai réussi à adopter un ton plus grave toute seule. Bon, je peux aussi apprendre à faire porter ma voix. Si je commence à prendre des cours maintenant, cela va m'ôter mon naturel et balayer toute mon assurance. Il faut d'abord que j'essaie de le faire à ma manière. Si ça ne marche pas, alors j'envisagerai de suivre tes conseils. »

Ni les critiques ni le public ne se sont jamais plaints de ne pas m'entendre. S'il y a *un* reproche que l'on ne m'a pas fait, c'est bien celui-là. Cela me rappelle la réponse d'Ethel Herman à celui qui lui demandait si elle n'avait jamais craint de perdre la voix en scène : « C'est le public qui a ce genre d'inquiétude. C'est lui qui paie pour m'entendre. »

La première de *The Little Foxes* eut lieu à New York, le 7 mai 1981, devant un public chaleureux. Les critiques furent assez enthousiastes. J'adore jouer devant un public. Je ne me contentais pas de donner la réplique à mes partenaires, il y avait un véritable échange d'énergie avec ceux qui me regardaient. J'étais dans une situation réelle au lieu d'apparaître dans une scène filmée pour être vue plus tard, ce qui provoquait des poussées d'adrénaline dans tout mon organisme. Je sentais quand je parvenais à émouvoir le public. Le théâtre, c'est ici et maintenant. Je ne m'y suis jamais ennuyée. Chaque fois que j'entrais en scène, j'étais submergée par des vagues d'amour qui me nourrissaient longtemps après que le rideau était retombé.

Je grignotais ci, je mâchonnais ça, et je me jetais sur tout ce qui était comestible

Après une tournée de rodage en Floride, nous avons fait salle comble à New York pendant les six mois que durait notre engagement, puis nous sommes allés à La Nouvelle-Orléans, à Los Angeles et à Londres. Mes succès théâtraux m'apportèrent de grandes satisfactions, entre autres celle de prouver à tous les saint Thomas que j'étais capable de le faire. Quand j'ai annoncé autour de moi que j'avais l'intention de jouer *The Little Foxes,* rares furent les amis qui ne pensèrent pas que j'avais perdu la raison. J'établis un parallèle entre cet épisode et le début de la campagne électorale de John, où l'on m'avait tant répété que je serais incapable de respecter des horaires. Je n'en ai pas moins terminé cette campagne, comme j'ai réussi à Broadway, ce qui tend à prouver que même certains de mes amis intimes ne me connaissent pas.

Quels qu'aient été le succès de *The Little Foxes* et l'énergie que j'ai consacrée à cette production, il suffit de regarder les photos prises à la fin du spectacle pour constater que j'avais grossi. Au début, j'arrivais à me discipliner mais, lors des dernières représentations, j'ai repris de l'embonpoint. Cela s'explique en partie par la réapparition de la grappillomanie. Ma loge me servait aussi de salle à manger. Je grignotais ci, mâchonnais ça et je me jetais sur tout ce qui était comestible. La scène est une expérience à la fois exaltante et éprouvante pour les nerfs. Je pensais que mon activité théâtrale brûlerait les calories accumulées entre les scènes. Je suais à grosses gouttes, ce qui, j'en étais persuadée, me faisait fondre. En réalité, je pouvais dépenser toute l'énergie que je voulais, cela n'éliminait nullement les kilos qui s'accumulaient et, hélas, les pièces à conviction ne manquent pas. Au bout de dix-huit mois vint l'ennui.

Je suis tombée dernièrement sur une photo prise lors de mon cinquantième anniversaire, alors que nous jouions à Londres. Cela m'a fait froid dans le dos. J'étais entièrement vêtue de blanc, et mes yeux disparaissaient sous les plis de graisse. J'avais encore mon maquillage de scène et j'avais l'air d'une « grande folle ». J'ai fait ce que j'ai pu pour me dissimuler la vérité, mais l'image que j'avais de moi en a pris un coup. Il était temps d'agir.

Mon ménage ne survécut pas à la tournée de *The Little Foxes,* ce qui n'a rien d'étonnant. Avant que je décide de jouer cette pièce, John et moi avions pris conscience de nos problèmes. Quand je suis partie pour New York, il était clair pour tous deux que nous finirions par nous séparer. Puis une goutte d'eau fit déborder le vase. Un jour, il m'annonça qu'il avait vendu la maison pour acheter un appartement au Watergate. Il ajouta que je devrais me débarrasser de tous mes animaux. Clic ! C'était le coup de grâce. Je pensais mériter un peu plus de considération. Je m'étais quand même donné beaucoup de mal pour nous. J'avais même vendu la bague de fiançailles que Mike Todd m'avait donnée et le diamant Taylor-Burton pour que nous puissions faire face à toutes nos dépenses. Et voilà qu'on ne me permettait même plus de garder mes animaux !

Quand je revins de Londres, je pris la décision de m'installer à Los Angeles. J'adore séjourner à Londres ou à New York, mais c'est à Hollywood que je me sens vraiment chez moi. Aujourd'hui, il n'y a plus de règles de bienséance strictes. C'était autrefois une petite ville où tout le monde se connaissait. A présent, c'est une grande ville. Et puis, surtout, il y a tellement de stars de cinéma que c'est l'endroit où j'ai le plus de liberté. Les étrangers gardent leurs distances et me laissent garder les miennes. Je n'ai pas à m'inquiéter des attroupements, comme dans d'autres villes. Même à New York, j'ai failli être taillée en pièces. Les pires, ce sont les femmes de mon âge ou plus âgées. Incroyable, non ? Un jour, je suis allée dans un grand magasin pour acheter du rouge à lèvres. Le bruit a couru que j'étais là. J'ai aussitôt été encerclée. Il a fallu appeler la police pour que je puisse sortir. A L. A., les gens sont merveilleux. Ils me saluent : « Bonjour, Liz ! » et ils me laissent tranquille.

En 1982, j'ai donc décidé de rentrer à la maison. Mon état physique et moral ne s'était pas amélioré autant que je l'espérais, mais cela faisait quand même des années que je ne m'étais pas sentie aussi bien. J'avais fait un long voyage depuis Washington et j'étais allée au bout de presque toutes mes entreprises. Malgré les kilos superflus, j'étais déterminée à rester active et à prendre mon avenir en main.

Puisque j'avais obtenu de bons résultats dans ce domaine, je me suis attaquée à un deuxième projet théâtral, où je devais retrouver professionnellement l'un des êtres qui ont le plus compté dans mon existence, Richard Burton. Cette pièce commença par un grand espoir et se termina par un grand chagrin. Mais ce chagrin m'a appris à mieux me connaître, et c'est cela qui m'a permis de triompher.

5.

Dès que j'eus annoncé que j'étais prête à faire une autre pièce, je fus submergée de projets. Je fus d'abord tentée par *Sweet Bird of Youth,* de Tennessee Williams. Je savais que ce rôle de belle femme du Sud sur le déclin me conviendrait. Géraldine Page l'avait interprété sur scène et à l'écran, avec pour partenaire le jeune Paul Newman. Toutefois, le projet présentait un inconvénient. Il n'y avait pas de rôle pour Richard. Je n'aurais éprouvé aucune difficulté à jouer le personnage de la femme mûre, mais Richard était trop vieux pour incarner Clarence, le jeune paumé. Avec le recul, je crois que nous aurions mieux fait de renoncer à notre idée de jouer ensemble. Mais, à ce moment-là, je ne voulais même pas y penser. On nous suggéra de reprendre *Qui a peur de Virginia Woolf?* mais nous l'avions déjà fait et nous voulions quelque chose de nouveau, une pièce bâtie autour de deux personnages d'âge moyen qui, bien que très éloignés de leur première et dévorante passion, s'aimaient encore profondément. Et nous avons trouvé *Private Lives,* la pièce de Noël Coward.

Dès le début, ce projet était voué à l'échec. Ni Richard ni moi n'étions en forme. Et surtout, nous n'étions pas faits pour ces rôles. Nous aurions dû jouer un drame, pas une comédie de salon anglaise. Ce fut une expérience épouvantable, pour moi, mais également pour

Richard, j'en suis convaincue. Pour ajouter à la tension ambiante, Richard s'est marié pendant le spectacle. J'ai craqué. J'ai repris mes pires habitudes. Je me suis remise à trop manger, à boire et à avaler des cachets. Je ne buvais jamais une goutte d'alcool avant le spectacle, j'avais trop de conscience professionnelle pour cela, mais, dès que le rideau retombait, Jack Daniels m'attendait en coulisses. Après la représentation, Richard et moi allions chacun de

J'ai repris mes pires habitudes. Je me suis remise à trop manger, à boire et à avaler des cachets

notre côté, lui avec sa femme et ses amis, moi avec ma bande qui se composait généralement d'autres comédiens et de membres de l'équipe. Quelle que soit la ville où nous jouions, Boston, Philadelphie, Washington, nous trouvions un restaurant qui fermait tard et nous y restions jusqu'à quatre heures du matin. Le cauchemar durait vingt-quatre heures sur vingt-quatre. Peu importait que les critiques ne fussent pas bonnes. Nous jouions quand même à guichets fermés. De toute façon, personne ne venait voir la comédie de salon. On achetait un billet pour voir « Liz et Dick », le couple kitsch. Je voulais arrêter, mettre un terme à cette torture, mais nous devions honorer notre contrat.

Le 6 novembre 1983, ce fut la dernière de *Private Lives* et, un mois plus tard, le 5 décembre, j'entrais au centre Betty Ford.

Jusque-là, je pensais avoir touché le fond à Washington et retrouvé définitivement le droit chemin. Quand le déclic s'était produit à Georgetown, j'avais trouvé la force de restructurer ma vie. Ce n'était pas suffisant. En quelques petites années, j'étais de nouveau seule et j'avais peur. Mais, cette fois, je *savais* que je ne pourrais plus me leurrer. Je n'étais pas aussi obèse que naguère, et mon apparence physique ne me souciait pas autant, mais j'étais minée par le doute. Et, pour ajouter à mon angoisse, les douleurs physiques reprirent soudain, avec violence. Ma colonne vertébrale me cloua au lit, submergée par la pitié et le dégoût que je m'inspirais à moi-même. Je me suis cloîtrée chez moi. Grâce au ciel, cette fois-là, ma famille et mes amis ne m'ont pas laissée faire.

Lors de l'une de mes nombreuses hospitalisations, ma famille fit pression sur moi. Mes enfants, mon frère, quelques amis intimes m'ont obligée à regarder la réalité en face. J'étais sûre de leur amour. Mais, en même temps, ils me disaient quel souci leur causait mon comportement. Ils craignaient que je ne sois en train de me suicider. Je les ai écoutés en silence. J'étais sous le choc, je m'en souviens. Je ne parvenais pas à croire que j'étais devenue ainsi. Enfin, ils m'apprirent qu'ils m'avaient réservé une chambre au centre Betty Ford et qu'ils désiraient que j'y aille.

Je les ai écoutés, puis je leur ai demandé de me laisser seule quelques heures. Je me connaissais assez pour savoir que je n'aurais pas la volonté d'aller jusqu'au bout, à moins que ce ne soit moi qui aie pris la décision.

On achetait un billet pour voir « Liz et Dick », le couple kitsch

Quand ils furent partis, je repensai à tout ce qu'ils m'avaient dit. Après mûre réflexion, je me suis dit : « D'accord, le moment est venu. » Je les ai rappelés pour leur annoncer que j'étais prête.

Quelques jours plus tard, j'entrais au centre. Bien que nous ayons tout fait pour que le secret fût bien gardé, mon admission fit la une des journaux. En fait, peu après mon arrivée, j'ai appelé Betty pour la prévenir que j'avais l'impression que l'affaire allait s'ébruiter. C'est difficile à expliquer, mais je possède un sixième sens pour tout ce qui touche aux médias. J'avais senti une présence indésirable dans la clinique et j'avais raison. Un reporter était venu fouiner, mais nous lui avons damé le pion. Ce fut le centre Betty Ford qui annonça la nouvelle.

Ce que racontaient les médias avait, tout compte fait, peu d'importance. J'étais là et j'avais le soutien dont j'avais besoin. Cela seul comptait. Le centre Betty Ford m'a changé la vie. J'y ai retrouvé le désir de vivre pleinement. Cela m'a obligée à mettre de l'ordre, de plein gré, dans mon existence. Au centre, j'ai affronté certains problèmes que je n'avais jamais eu le courage d'affronter auparavant. J'ai appris que j'avais passé des années à étouffer mes véritables sentiments, de crainte qu'ils ne soient portés à la connaissance du public. Toutes ces années où j'avais caché ma douleur, où je l'avais fait taire, avaient laissé de nombreuses cicatrices.

Au centre, j'ai enlevé toutes les couches protectrices pour atteindre le cœur. On apprend à se voir tel que l'on est et à s'accepter. On révèle ce qui est douloureux. En libérant les problèmes, on se libère. Tout le monde ou presque peut vaincre ses démons, en détruisant pour reconstruire sur des bases solides et pleinement conscientes.

J'étais là et j'avais le soutien
dont j'avais besoin.
Cela seul comptait

J'ai eu la chance que Betty Ford en personne s'occupe de moi. Je voudrais dire un mot de cette femme remarquable. « Encore une actrice de cinéma qui s'est mariée trop souvent », disaient le plus souvent ceux à qui je parlais de ma dépendance à l'égard des médicaments et de l'alcool. Betty Ford ne fait pas partie de ces gens-là. Elle était la première dame de ce pays, une femme mondialement reconnue. Le courage et l'humilité qu'il lui fallut pour révéler le côté le plus sombre de son existence ont donné à des gens comme moi la possibilité d'en faire autant.

Au centre, on voyait les choses avec optimisme. Quand je l'ai quitté, j'étais pleine d'une énergie positive qui m'a permis de continuer à maigrir. Cela faisait partie du programme global qui devait me redonner l'amour-propre et le respect de moi-même que j'avais perdus. Mentalement, j'étais en pleine forme. Physiquement, j'étais encore une femme qui avait mis son corps à rude épreuve pendant très longtemps. Heureusement, Dieu m'a faite incroyablement résistante, et j'ai eu la capacité

Il était temps
que mon apparence extérieure reflète
tous les excellents sentiments
qui m'habitaient

de réagir. Récemment, on m'a demandé ce dont j'étais le plus fière. « D'être en vie », ai-je répondu en toute sincérité.

Richard a vu une photo de moi, après ma sortie de clinique, et m'a appelée pour me dire à quel point ce que j'avais fait l'impressionnait. Je lui ai répondu que je regrettais que nous n'y soyons pas allés ensemble du temps où nous étions mariés.

Au centre, le personnel nous conseillait de ne pas suivre de régime. Ils ne voulaient pas que nous courions trop de lièvres à la fois. J'ai perdu cinq kilos de boursouflure rien qu'en cessant de boire. Quand je suis rentrée à la maison, mon organisme réclamait du sucre à cor et à cri. Ne voulant pas lui en fournir par l'alcool, je devins « chocoolique » et je pris près de sept kilos de bonne graisse bien solide ! J'avais du sucre à brûler. Heureusement, je suis sortie de ce cercle vicieux. J'étais peut-être grosse mais, grâce à mon séjour au centre Betty Ford, j'étais mentalement et affectivement bien. L'alcool ne me manquait plus. J'en étais tellement heureuse que je me suis dit qu'il était temps que mon apparence extérieure reflète tous les excellents sentiments qui m'habitaient. Pourquoi ne pas profiter des dons que Dieu m'avait accordés, y compris de mes avantages naturels ? Et, merveille, je fus également capable de me rationner. C'est ce que je fis.

Tout semblait en ordre. Pour la première fois depuis que j'avais entrepris de lutter contre mon embonpoint, j'avais adopté une attitude alimentaire sensée et cohérente.

Plus de régimes draconiens et plus de repas pantagruéliques. J'ai enfin appris à manger de manière raisonnable et saine, jour après jour, mois après mois. Bien sûr, je m'offre, de temps à autre, un poulet frit ou un sundae recouvert de chocolat chaud, mais ce sont des écarts modérés. Je ne me goinfre plus et je ne me sens plus coupable. Les fluctuations de mon poids n'excèdent pas deux kilos et demi.

Pendant que je maigrissais, je me libérais aussi de bien d'autres façons. Cela vous semblera peut-être idiot mais, pour moi, c'est important. Par exemple, j'ai décidé de devenir blonde. Dans *Private Lives,* je devais porter une perruque blonde. Là, j'avais envie de me teindre les cheveux. Je reconnais que ce n'est pas une décision qui changera la face du monde, mais j'ai pris mon pied parce que c'est précisément le genre de chose dont j'ai toujours été incapable. Dans ma jeunesse, je ne pouvais pas modifier mon apparence physique sans avoir obtenu la permission du studio. On avait exigé que je me décolore les cheveux pour le rôle d'Amy March dans *Les Quatre Filles du Dr March*. Cette fois, je le faisais pour mon plaisir. Plus tard, je me suis rendu compte que c'était probablement une erreur. Je suis brune, je suis faite comme ça. Cela dit, cette liberté de changer de look, liberté dont j'avais été privée toute ma jeunesse, me fit prendre conscience que, pour la première fois, je n'avais plus de comptes à rendre qu'à moi-même. A dix ans, à vingt ans, j'avais les responsabilités d'une femme. A présent que je n'avais plus ni contrat à long terme avec un quelconque studio ni enfants à élever, je n'avais plus à me préoccuper que de moi. Vous ne pouvez pas vous imaginer comme c'est exaltant d'être son propre maître, même s'il s'agit de quelque chose d'aussi dérisoire que se teindre les cheveux. En fait, je crois que c'est pour cela que j'aime être célibataire. Je n'ai pas à me plier à une autre volonté. Si j'ai envie de dîner à huit heures, je dîne à huit heures. Si j'ai envie de dîner à six heures, je dîne à six heures. Je n'ai pas à adapter mon emploi du temps à celui d'un autre.

Je pense parfois que cela m'a facilité la tâche de vivre seule pendant les mois où j'ai suivi la phase la plus rigoureuse de mon programme d'amaigrissement. Mais, une fois ma décision prise, ni un mari exigeant trois gros repas par jour ni une flopée d'enfants affamés n'auraient pu m'arrêter.

Je dois cependant reconnaître que la délicieuse sérénité de la maison que j'ai achetée à Los Angeles, après mon retour, m'a aidée à conserver une certaine égalité d'âme et à m'en tenir à mes résolutions.

J'ai eu beaucoup de chance de trouver cette maison. J'ai toujours aimé Bel Air, à cause de son côté campagnard, mais l'agent immobilier qui m'accompagnait me rebattait les oreilles des propriétés qui, d'après elle, étaient faites pour moi. J'essayais de ne pas l'écouter, puisque le seul moyen de savoir si une maison me convient, c'est de me plonger dans son ambiance. Lors de la seconde visite, j'ai demandé à cette femme de rester dehors et j'ai visité la maison toute seule. C'était parfait. Au grand étonnement de l'agent immobilier, je suis ressortie cinq minutes plus tard en disant : « Je la prends. »

Je n'ai jamais regretté cette décision. C'est une demeure confortable, paisible et intime. Les années que j'y ai passées m'ont apporté beaucoup de joies. De la fenêtre de ma chambre, j'aperçois un ravissant jardin. Il y a là un arbre qui me remonte le moral quand je suis déprimée. Il a quelque chose d'exotique, de magique, comme les bois qui prennent vie dans *Le Magicien d'Oz*. Il a certainement été cultivé dans une serre. On a enlacé ses trois racines les unes autour des autres, puis on les a recourbées pour qu'elles retombent sur le sol. Il me semble que les arboriculteurs utilisent le terme « torturer ». Chaque fois que je contemple cet écheveau naturel, je suis ébahie qu'il survive et que, chaque printemps, il renaisse dans une splendide parure de feuilles et de fleurs. Chaque fois que me reprennent les forces maléfiques de mon existence, boulimie ou apitoiement sur moi-même, je regarde cet arbre qui me redonne le courage de continuer ma route.

Ces dernières années, ma vie fut plutôt agréable. Je travaille quand je veux, je consacre beaucoup de temps à défendre des causes qui me tiennent à cœur et je profite de mes amis, plaisir que ne m'a pas toujours facilité ma vie publique. Quant aux hommes, ils ne peuvent pas ignorer mes deux mariages d'amour-passion avec Mike Todd et Richard Burton. Ce sont des noms chargés d'une force terrible, et la lutte est inégale. Je le sais. Elle le fut pour moi aussi.

Sans parler du passé, il est parfois traumatisant de sortir avec quelqu'un de célèbre. Pour maîtriser la situation, un homme doit être vraiment sûr de lui.

Il y a quelque temps, je suis allée dîner dans un restaurant élégant de Sunset Boulevard. Nous avions fini de manger, mon ami et moi, quand le maître d'hôtel s'approcha de notre table et nous conseilla, d'un air gêné, de sortir par la porte de derrière.

« Je vous assure, mademoiselle Taylor, je n'ai rien dit, mais vous savez comment cela se passe. Quelqu'un vous a vue dans la salle, et les photographes se bousculent sur le trottoir. »

J'ai eu un coup au cœur. Mon compagnon était très gentil, mais il ne travaillait pas dans le milieu cinématographique et n'était donc pas habitué aux paparazzi de Hollywood.

« Pourquoi ne pas sortir par-derrière ? » lui proposai-je.

Son indignation me surprit.

« Pourquoi serais-tu obligée de t'enfuir comme une criminelle ? Nous allons sortir par où nous sommes entrés », me répondit-il.

« Un bon point pour vous, monsieur », ai-je pensé.

Un autre jour, je dînais avec un homme que je connaissais depuis des années, mais avec qui je n'étais jamais « sortie ». Il arriva au restaurant, gara la voiture, sortit et s'avança vers la porte. Il allait pénétrer dans le restaurant quand il se rendit compte que j'étais toujours assise dans la voiture. Quand il se retourna, il avait une mine impayable. J'ai ri, mais je n'aurais pas quitté cette voiture s'il n'était pas venu m'ouvrir la porte.

Ces expériences-là étaient plaisantes. J'en ai eu de moins agréables. Nombreux sont les hommes qui m'invitent uniquement pour être vus avec une célébrité. Ils ne s'intéressent pas à la femme que je suis. Grâce au ciel, je repère assez bien ce genre de *loser*.

La vérité, c'est que je trouve étonnant d'avoir des rendez-vous de ce type à mon âge. Quand j'étais enfant, les femmes de cinquante ans étaient en général grand-mères, restaient à la maison avec leur mari et recevaient leurs enfants et petits-enfants. Elles ne couraient pas les rues, un homme pendu à leur bras. Eh bien, j'ai dû corriger mes vues et, croyez-moi, je ne suis pas la seule. Il y a des millions de femmes seules, d'âge mûr, qui mènent une vie fort différente de celle de leurs parents. Beaucoup ont un sentiment d'insécurité parce qu'il leur manque un élément fondamental : le soutien d'un foyer, d'un mari, d'une famille. Je comprends ce sentiment mais, par expérience, je peux vous affirmer qu'il faut regarder ses peurs en face avant de les surmonter.

C'est ainsi que j'ai procédé et, dans presque tous les domaines, vous pouvez le constater, ça a marché. J'en ai fait du chemin depuis le temps où j'étais cette femme obèse aux yeux tristes, qui n'avait plus qu'une vision amoindrie d'elle-même, qui ne se respectait plus. Il y a huit ans, cette femme a pris ses problèmes à bras-le-corps.

En février 1987, Carole Bayer Sager et Burt Bacharach donnèrent une réception pour mon cinquante-cinquième anniversaire dans leur maison de Bel Air. Il y avait là cent cinquante personnes, et ce fut l'un des moments mémorables de mon existence.

A l'entrée de la propriété des Bacharach se trouvait un mannequin en carton qui me représentait à douze ans et qui portait une pancarte indiquant : « Parking privé ».

Nombreux sont les hommes qui m'invitent uniquement pour être vus avec une célébrité

Dans la maison, j'ai retrouvé une foule d'amis. Beaucoup m'avaient connue petite fille, et tous m'avaient soutenue dans les épreuves.

J'ai pensé à leur incroyable fidélité en revêtant la belle robe de soie blanche courte, conçue par Nolan Miller pour cette soirée. En remontant la fermeture Eclair au-dessus de cette taille qui ne mesurait plus que cinquante-cinq centimètres, je me suis demandé combien de ces amis m'auraient imaginée dans cette robe quelques années auparavant. « Ce n'est pas mal pour une femme de cinquante-cinq ans », me suis-je dit en souriant à mon reflet dans la glace.

Cinquante-cinq ans ! L'eau avait coulé sous les ponts depuis *Lassie,* même si le carton d'invitation nous représentait tels que nous étions en 1946. En pénétrant dans la maison, j'ai souri en apercevant tous ceux que je connaissais depuis que j'étais entrée à la Metro-Goldwyn-Mayer. La MGM, telle que nous l'avons connue, n'existe plus,

Cinquante-cinq ans !
L'eau avait coulé sous les ponts
depuis Lassie

mais l'esprit de Hollywood était là, de Bette Davis à Michael Jackson, en passant par Sidney Guilaroff et Jennifer Jones.

Bon nombre de mes anciens « amoureux » étaient présents, tel Arthur Loew avec qui j'étais sortie dans les années cinquante. Ce soir-là, mon chevalier servant fut George Hamilton, qui occupe une place très particulière dans mon existence. Tout enchanta ma mère, qui était venue spécialement de Palm Springs, tout, du mannequin dont la pancarte indiquait le parking à la sérénade de fin de soirée. Elle a quatre-vingt-onze ans et elle est encore très belle. J'ai été vraiment gâtée.

La soirée avait pour thème les diamants. Même la photo de Lassie qui figurait sur les faire-part en était ornée. Je portais une rivière de diamants (d'accord, des faux) autour du cou et une pierre géante à l'annulaire droit. Il y avait un énorme faux diamant au centre de la table et, au sommet du dais qui surplombait le jardin où étaient dressées les tables, les lampes brillaient de tous leurs feux cristallins.

A la fin de soirée, chaque femme reçut une bague, une reproduction en cristal taillé du diamant Taylor-Burton, réalisée par Cartier et sur laquelle était inscrit : « E. T. 2/27/87 ». Vous nous imaginez toutes avec nos « diamants » aussi gigantesques qu'étincelants ? Kitsch ? D'accord, mais j'adore !

L'anniversaire de mes cinquante-cinq ans semble constituer un moment adéquat pour mettre un terme à mon histoire et aborder la partie de cet ouvrage consacrée au régime et à l'exercice physique. La « nouvelle » Elizabeth Taylor est aujourd'hui mon meilleur rôle, je l'admets volontiers. A cinquante-cinq ans, nom d'un petit bonhomme, je suis redevenue un sex-symbol ! J'espère toutefois que mon image revitalisée représente plus que cela. Je crois que mon retour à la lumière est une victoire pour tous ceux qui se sentent mal aimés, indésirables et bons à rien.

Aujourd'hui, je suis ravie de mon indépendance retrouvée. Mon image irradie une nouvelle assurance. Ma guérison, sur le plan tant physique que moral, s'explique par une certitude d'être forte et non par un besoin frénétique de m'améliorer.

Lentement mais sûrement, j'ai pu me dépecer de cette réticence que j'avais faite mienne afin de protéger ma vie privée. Mon témoignage est là pour vous montrer le chemin parcouru depuis ce triste jour où, à Washington, j'ai fait le point. Je prends le risque de partager mon expérience en matière d'amaigrissement et de respect de soi, dans l'espoir d'aider les autres.

Deuxième partie

Comment se préparer : Quelques conseils

1.

Maintenant que vous connaissez mon histoire, vous avez compris, j'en suis certaine, que n'importe qui peut maigrir, à condition d'y être vraiment décidé. Vous avez vu à quel point je m'étais laissée aller, comment j'avais atteint environ quatre-vingt-deux kilos et comment j'ai lutté pour inverser la tendance. Si j'ai gagné mon combat contre les kilos et si j'ai retrouvé le respect de moi-même, vous le pouvez aussi. L'important, c'est de s'y investir totalement et de se donner du mal. Bien sûr, je me suis souvent découragée, j'ai failli tout abandonner mais, chaque fois, je me suis obstinée. « Non, je ne renoncerai pas », me disais-je. Et, chaque fois, c'était un petit peu plus facile.

Avant de décrire le programme que j'ai choisi et qui comprend un régime et des exercices, je voudrais vous donner quelques tuyaux qui m'ont aidée à retrouver un tour de taille de cinquante-cinq centimètres. Je ne prétendrai jamais qu'il est amusant de suivre un régime. Mon expérience fut pénible, et je sais comme il est difficile de perdre les kilos superflus. C'est pourquoi, en plus des quelques suggestions qui suivent, accrochez-vous à tout ce qui vous donnera de la volonté et à tout ce qui vous facilitera la tâche. Consultez un psychiatre, répétez votre mantra, faites établir votre horoscope, consultez une voyante ou une cartomancienne, ou portez une patte de lapin autour du cou. Du moment que cela vous motive et ne fait de mal ni à vous ni à autrui, allez-y !

Les récompenses qui vous maintiennent sur le droit chemin

Il est bien entendu que vous êtes la seule à pouvoir vous motiver. Mais, si l'on vous propose quelques petites gratifications, acceptez-les ! Une fois que vous avez décidé de vous mettre au régime, les compliments que vous adresseront famille et amis — à condition qu'ils soient sincères — ne peuvent que vous encourager davantage.

Laissez-moi vous raconter l'histoire d'une jeune femme que j'ai rencontrée il y a quelques années. C'était l'une des filles les plus séduisantes que j'aie connues : blonde, les yeux bleus, jolie. Elle était vive, dynamique et intelligente. Elle était aussi obèse. Un jour, elle vint me trouver pour me dire qu'elle se mariait six mois plus tard et qu'elle essayait de maigrir. Je n'ai pas l'habitude de fourrer mon nez dans les affaires des autres, mais, dans certaines circonstances, je ne peux pas m'empêcher d'intervenir. Sans réfléchir, je lui ai tendu un polycopié de mon régime.

« Suis ce régime, lui ai-je dit, et, si tu perds vingt kilos, je t'offre ta robe de mariée. »

Si vous aviez vu sa tête !

Elle emporta le régime chez elle, mais il lui fallut quelques semaines pour trouver le courage de s'y mettre. Elle essayait de maigrir depuis l'enfance. Ses parents l'avaient traînée de nutritionnistes en cliniques, en passant par les colonies de vacances spécialisées, de sorte qu'elle ne pouvait plus rien supporter, ne fût-ce qu'entendre le mot « régime ». Elle n'aurait sans doute jamais commencé le mien si son fiancé n'était pas intervenu. Il lui demanda au moins d'essayer. Ce qu'elle fit. Plus tard, elle m'avoua que, pour la première fois de sa vie, elle avait pris plaisir à manger en suivant un régime amaigrissant.

Le jour de son mariage approchait, et elle avait déjà perdu dix-huit kilos. Je lui ai quand même acheté sa robe. Je n'allais pas pinailler pour quelques petits kilos alors qu'elle en avait déjà tant perdu !

Ma promesse n'est pas la seule explication de son succès. Mais les récompenses sont d'un réel secours. Pour moi, c'était rentrer dans un jean taille 38, que j'avais acheté quand je pesais environ cinquante-huit kilos. J'adore les jeans, mais ce sont les pantalons les plus moulants qui soient. Toutes les semaines, je m'allongeais sur mon lit pour essayer de l'enfiler. Au bout d'un mois, je pouvais tenir debout avec mon jean. Malheureusement, je ne parvenais pas encore à en remonter la fermeture Eclair. Mais cela me motivait de me rapprocher du but.

L'autre jour, j'ai lu un article, dans la rubrique scientifique d'un journal, qui confirmait ma théorie des récompenses. On plaçait deux souris dans un labyrinthe. La première avait un parcours simple et recevait des tas de gâteries quand elle arrivait au bout. Elle prit rapidement goût à cet exercice, somme toute agréable. La seconde avait un parcours sinueux. Elle était bloquée chaque fois qu'elle atteignait une sortie, et on ne lui donnait que quelques morceaux de fromage. Au bout de plusieurs semaines, on plongea les deux souris dans une cuve d'eau. Devinez qui survécut ? Ce ne fut pas la souris mince et bien entraînée. Elle abandonna la partie et se noya. Ce fut la souris paresseuse, qui lutta de toutes ses forces pour retrouver sa belle vie.

Alors accordez-vous des tas de petites récompenses sans danger, qui vous aideront à commencer ce régime et à vous y tenir.

Les mots d'encouragement

Je crois énormément aux « petits mots d'encouragement », surtout quand on traverse une crise de fringale. Quand tout le reste semble avoir échoué, un conseil attentionné, venant d'un ami véritable, peut vous délivrer de la tentation, alors qu'une rebuffade ou une pique produiront l'effet contraire. C'est un fait. Je connais une artiste très populaire qui, vers la quarantaine, connut, pendant des années, un léger problème de poids. Elle faisait partie de ces gens qui mangent sans y penser. Qu'elle ait faim ou non, s'il y avait quelque chose à manger, elle l'avalait tout rond. Evidemment, c'étaient ses hanches qui en profitaient. Elle épousa, sur le tard, un homme qui l'adorait. A peu près deux ans après leur mariage, elle fit de l'hypertension. On lui conseilla donc de perdre du poids. Son mari attachait peu d'importance à sa silhouette, beaucoup à sa santé.

Il lui fit donc quelques réflexions sur ce qu'elle mangeait, sans se fâcher, mais avec insistance. Naturellement, elle se rebella et lui dit de s'occuper de ses affaires.

« Chérie, je sais que je ne peux pas continuer à te harceler. Ce sera donc ma dernière remarque : le jour où ton poids en livres dépassera ton QI, je m'en irai », lui déclara-t-il, de guerre lasse.

Elle savait qu'il n'en pensait pas un mot. Mais le fait qu'il se soit inquiété ainsi de sa santé et qu'il l'ait fait avec assez de délicatesse pour le formuler en des termes qui l'avaient fait sourire l'empêcha, bien souvent, de prendre un bonbon.

Voici un autre exemple où un simple mot suffit à changer les habitudes alimentaires d'une amie. Elle voyageait en compagnie d'une femme qui était apparemment choquée de la voir engouffrer tout ce qui lui tombait sous la main. Plus tard, quand mon amie se plaignit du poids qu'elle prenait, sa compagne lui fit observer qu'elle mangeait énormément.

« Je ne peux pas m'en empêcher, répondit la première. Il faut que je mange !

— Non, lui répondit son interlocutrice. Vous pouvez manger, mais il ne *faut* pas que vous mangiez. Franchement, c'est indigne de vous. »

Pour une raison ou pour une autre, cette phrase frappa mon amie. Elle m'a raconté, plus tard, que c'était cela qui avait pesé dans la balance. Chaque fois qu'elle était prise d'une envie insurmontable de grignoter, elle se disait : « C'est indigne de moi. » Cela l'aidait à se maîtriser.

Comment démarrer ?

Vous ne maigrirez jamais si vous ne commencez pas un régime. Contrairement à Scarlett O'Hara, vous ne pouvez pas remettre au lendemain. N'attendez ni une phase de la lune particulièrement favorable ni le premier jour du printemps. A tergiverser, on tue l'inspiration. Si vous voulez maigrir, commencez dès maintenant et donnez réellement sa chance à ce régime.

Ne vous cherchez pas d'excuses. Que l'on fasse un régime ou quoi que ce soit d'autre, la pire des choses est de « rester assise à ne rien faire ». Il y a des femmes qui passent la plus grande partie de la journée, assise sur leur derrière, le téléphone collé à l'oreille, à discuter de ce qu'elles vont faire et de la manière dont elles vont le faire. Elles ne parviennent jamais à faire quoi que ce soit. Il y en a d'autres dont la principale activité consiste à accepter ou à envoyer des invitations. C'est en avalant une énorme salade du chef et tous ses ingrédients caloriques qu'elles parlent avec le plus grand sérieux de se mettre au régime. Ce n'est pas avec de belles paroles qu'on maigrit. C'est à chaque instant qu'il faut s'activer pour atteindre l'objectif que l'on s'est fixé. Les beaux discours ne servent à rien.

A moins que vous ne fassiez partie de ces rares personnes qui ont un problème pathologique attesté par la faculté, cessez d'accuser votre thyroïde. C'est une insulte à votre intelligence et à celle des malheureux qui ont vraiment un handicap de plus à surmonter.

J'ai parfois l'impression d'avoir entendu toutes les excuses imaginables, qui vous permettent de refuser tout régime. Je m'en suis servie, moi aussi. Quand on est bien décidé à repousser le moment de se restreindre, on trouve toujours le moyen de justifier les excès les plus flagrants. Il est tellement facile de se persuader qu'on fait tout pour maigrir alors que l'on se goinfre. Ces quelques phrases ne vous semblent-elles pas familières ? « Je vais me mettre au régime mais, samedi, nous avons un grand dîner au club et nous avons dû payer d'avance. » « Nous avons un mariage la semaine prochaine, un mariage juif, et vous savez comme on y mange bien. Je commencerai mon régime tout de suite après. » « Je fais une cure le mois prochain, je serai bien obligée de me mettre au régime. Je mange maintenant parce que, plus tard, je crèverai de faim. » « Je suis tellement inquiète de ne pas trouver d'emploi. J'arrêterai de manger dès que je serai embauchée. » Quand ces gens apprendront-ils que toutes ces excuses n'en sont pas ?

Je connais une femme qui appartient depuis des années à une association de contrôle du poids fort renommée. Toutes les semaines, elle assiste à des réunions, suit une thérapie de groupe, rapporte chez elle toutes sortes de notes d'information, remplit son réfrigérateur des légumes verts prescrits et des divers végétaux qui sont la clef du succès diététique, puis elle va manger ailleurs. Les aliments pourrissent dans son frigo, tandis qu'elle court les pizzerias et autres restaurants de grillades. Elle a des défenses telles qu'il est impossible de lui en parler. Etant membre payant d'un groupe dont l'objectif est l'amaigrissement, elle est persuadée qu'elle « suit un régime ». Son comportement est complètement paradoxal. Elle arrive chez moi, me dit à peine bonjour et me déclare : « J'ai faim. Qu'est-ce que tu as à manger ? » Puis elle se dirige tout droit vers la cuisine pour jeter un coup d'œil dans mon réfrigérateur et dans mes placards. Elle me reproche de n'avoir ni bonbons ni féculents. C'est affreux, mais personne n'y peut rien. Il faut qu'elle ait le désir de changer. Je ne sais pas combien de temps encore elle pourra continuer à se cacher derrière sa carte de membre. J'espère, pour son bien, qu'elle ne tardera pas à ouvrir les yeux.

J'ai une autre amie qui, depuis des années, commence un régime tous les lundis matin. Elle n'accepte aucune invitation ce jour-là. En fait, elle ne sort qu'à partir du mercredi. Le lundi et le mardi, elle fait très attention à ce qu'elle mange et, le mercredi, elle vous apprend la merveilleuse nouvelle : elle a perdu deux kilos. Naturellement, elle fête ça en mangeant tout le reste de la semaine. Le dimanche, elle a repris ses deux kilos... et plus. « Je ne comprends pas pourquoi je ne rentre pas dans mes vêtements. Il faut que je me mette au régime dès demain », vous déclare-t-elle innocemment en écartant d'un sourire toute évocation des kilos qu'elle a pris.

La morale de cette histoire, c'est qu'il est inutile de commencer un régime si l'on n'a pas l'intention de s'y tenir.

Se fixer des objectifs raisonnables

Maintenant que vous avez pris la décision de maigrir, fixez-vous des objectifs raisonnables. Ne bâtissez pas de châteaux en Espagne et ne fantasmez pas sur votre poids idéal. Ce n'est pas parce que vous pesiez cinquante kilos à dix-huit ans que vous devez avoir le même poids à trente-cinq. Fixez-vous un poids raisonnable pour votre âge et pour votre ossature. Vous verrez, vous serez plus détendue et vous vous adapterez en douceur à une alimentation de maintien. Quand vous suivez un régime, vous êtes votre seul juge. Ne l'oubliez pas. Vous n'avez de comptes à rendre qu'à vous-même. Alors, allez-y doucement de votre réquisitoire et faites-vous vite l'avocat de la défense.

Cela ne vous motivera pas de vous dénigrer. Vous ne prendrez conscience de votre potentiel et vous ne le réaliserez que si vous savez vous pardonner vos faiblesses et vous accepter telle que vous êtes. Quand j'avais quarante-cinq ans, j'étais riche, célèbre, et les médias me disaient que j'étais belle. Mais je ne m'acceptais pas telle que j'étais et j'avais un comportement défaitiste. Il n'y avait que peu de joie et de réconfort dans ma vie. Avant de me libérer de cette prison de malheur et d'obésité, j'ai dû réapprendre à m'aimer.

Il est un autre point que vous devez garder à l'esprit : votre aspect est plus important que votre poids. Il est aussi important de savoir reconnaître qu'on est bien que de retirer les œillères qui vous cachent votre obésité. Votre objectif, c'est de paraître saine et séduisante. Vous n'avez sans doute pas l'intention de passer une audition pour être la doublure de Twiggy [1], alors pourquoi vous imposer une image totalement irréaliste ?

Supposons que votre poids idéal soit de cinquante-huit kilos, vous serez déjà superbe quand vous n'en pèserez plus que soixante et un. Arrêtez-vous là. Si vous voulez à tout prix atteindre un poids trop bas, il y a des chances que les kilos reviennent en douce, même si vous faites très attention à ce que vous mangez.

Je ne sais pas pourquoi mais, physiquement, les

1. Mannequin célèbre, dans les années soixante, pour son extrême minceur.

hommes semblent plus à l'aise que les femmes. Le doute nous ronge sans cesse. Les mannequins les plus beaux pensent souvent qu'ils ne sont pas assez minces, et j'ai rarement connu une femme qui ne souhaitait pas perdre quelques kilos.

Je vais vous raconter l'expérience d'une de mes amies. Elle dînait en compagnie d'un homme avec qui elle commençait à avoir des relations suivies. Emporté par son élan, il l'invita à Catalina pour le week-end. Elle refusa aussitôt. Non qu'elle n'eût pas envie d'y aller. Mais dès qu'il eut parlé de Catalina, une seule idée l'obséda : elle serait horrible en maillot de bain, elle avait de grosses cuisses et trop de ventre.

Après un quart d'heure de silence gêné, elle leva les yeux vers cet homme qui avait bien dix kilos de trop. Visiblement, son aspect physique ne l'empêchait pas de dormir. Il la trouvait vraisemblablement très bien elle-même. Sinon, il ne lui aurait pas demandé de l'accompagner. Finalement, elle y alla et ne le regretta pas.

Pendant que vous êtes au régime, contentez-vous des kilos que vous aurez réussi à perdre. Soyez satisfaite de vous, et il vous sera plus facile et plus agréable d'atteindre votre objectif.

2.

Maintenant que vous êtes dans un état d'esprit adéquat, il est presque temps d'aborder le régime en tant que tel. Vous avez pris la décision de commencer, vous avez résolu de ne plus vous chercher d'excuses, vous vous êtes fixé des objectifs raisonnables, et c'est parce que vous vous aimez et non parce que vous vous haïssez que vous êtes motivée. Vous méritez d'être aussi belle que possible, et vous le savez.

En vous engageant sur le difficile chemin qui mène à la beauté, voici quelques conseils qui vous faciliteront la tâche et vous éviteront embûches et fringales.

Ayez un miroir en pied

Puisque l'honnêteté est l'un des éléments essentiels pour qu'un régime soit efficace, accrochez votre miroir dans un endroit où vous pourrez vous regarder nue. Combien de femmes se penchent au-dessus du lavabo et se font une idée de la forme de leur anatomie en contemplant leur reflet dans la glace de l'armoire à pharmacie ? Souvenez-vous : moi, je suis la dame qui pensait se voir dans le miroir de son poudrier. Quand on fait un régime, il est inutile de tricher. Si vous voulez des mensonges, allez à la foire et plantez-vous devant les glaces déformantes. Vous aurez l'air de mesurer trois mètres de haut et vous serez mince comme un fil.

Notez tout ce que vous mangez

Certains respectent religieusement ce conseil, et cela leur est d'un grand secours. En se constituant un dossier écrit, ils ne peuvent plus se chercher d'excuses. Franchement, je n'ai pas besoin d'un cahier pour me souvenir de ce que j'ai mangé. Après tout, c'est mon affaire ! Je me suis contentée d'appliquer ma technique pour apprendre un scénario. Mais ne méprisez pas la méthode consistant à noter tout ce que vous absorbez, si cela vous est utile, et ne trichez pas. Si vous marchez en mangeant une banane, vous marchez certes, mais vous êtes aussi en train de manger cette banane.

En notant tout ce que vous mangez, vous pouvez exploiter vos habitudes alimentaires. Si vous constatez que vous mangez toujours à seize heures, gardez quelque chose pour cette heure de la journée. Si vous remarquez que vous ne pouvez pas vous passer d'un fruit avant d'aller vous coucher, gardez la pomme ou le melon que vous aviez prévu pour le dîner. Une liste complète de votre alimentation quotidienne peut vous aider à comprendre vos besoins. Lorsqu'on voit écrit noir sur blanc tout ce que l'on consomme, le choc est parfois assez violent pour que l'on se décide à agir.

N'en oubliez pas pour autant votre bonne éducation et ne vous laissez pas emporter par une frénésie de tout noter, si utile soit le système. Il faut procéder avec discrétion, sinon cela peut devenir gênant.

Avant de commencer mon régime, j'avais été invitée à un dîner très mondain et j'avais remarqué que la femme qui se trouvait en face de moi griffonnait quelques mots sur un petit carnet, après chaque plat. Je ne l'avais pas reconnue, mais je supposais qu'il s'agissait d'un reporter ou d'une spécialiste des échos mondains. Les journalistes ont toujours un petit carnet sur eux. On les repère immédiatement, car ils passent leur temps à noter des noms et des renseignements. Dans la vie publique, ça n'a pas d'importance, j'ai l'habitude, mais ce soir-là, c'était une réunion privée et j'étais furieuse.

A la fin de la soirée, en prenant congé de mon hôtesse, je lui ai demandé, d'un ton glacial, pourquoi elle ne m'avait pas prévenue qu'elle avait invité une journaliste.

« Une journaliste ? s'étonna-t-elle. Quelle journaliste ?

— Vous savez très bien de qui je veux parler. Cette femme en robe bleue, qui a noté tout ce que je racontais dans son carnet.

— Oh, Elizabeth, fit mon amie en riant. Barbara n'est pas journaliste. Elle suit un régime où l'on est censé noter tout ce que l'on mange, c'est tout. »

Quand vous êtes au régime, soyez discret. Vous n'avez pas de rapport à faire à toutes vos relations. Ce ne sont pas les généraux en chef de votre grande guerre contre la graisse. Vous risqueriez de lasser même vos amis les plus compréhensifs. Comment savoir que votre régime devient envahissant et que vous parlez beaucoup trop de votre poids ? Tout d'abord, si, quand vous entrez dans une pièce, tout le monde se détourne, il vous faudra envisager de changer de sujet de conversation.

Mais que votre silence ne se transforme pas en excuse pour ne plus surveiller les calories que vous absorbez. Si vous n'avez pas envie de trimbaler un petit carnet, il existe d'autres méthodes vous permettant d'avoir une idée précise de ce que vous mangez.

L'un de mes amis utilise un magnétophone miniature. Il est si petit qu'il peut le glisser dans sa poche et le mettre en marche, sans même l'en sortir. C'est pratique, mais il oublie parfois de l'éteindre et ses amis hésitent un peu avant de lui faire des confidences ! On a la vague impression de parler à un agent du K.G.B. Il connaît quelques problèmes avec certaines de ses relations qui ne sont pas au courant. Evidemment, cela fait un drôle d'effet d'entendre quelqu'un annoncer, sans raison apparente : coupe de fruits, orange, quartiers de pamplemousse, boules de melon, côte de veau maigre, haricots verts...

Une autre de mes amies s'est acheté un PC spécialement pour son régime. Son neveu, qui a dix ans, lui a appris à s'en servir, et elle jure à qui veut l'entendre qu'elle a perdu quatre kilos rien qu'en essayant de comprendre le logiciel. A présent qu'elle a acquis quelques rudiments en la matière, elle s'amuse beaucoup à dresser la liste des calories et hydrates de carbone sur son petit écran.

Certains utilisent un calculateur de poche. On peut l'emporter n'importe où. Non seulement il enregistre la teneur calorique des aliments, mais il déclenche une alarme si l'on dépasse le montant recommandé. Si vous pouvez vous le payer, cela en vaut la peine.

Quelle que soit la méthode que vous adopterez, il est essentiel que, chaque jour, vous notiez avec précision ce que vous mangez, tant que votre régime ne sera pas devenu un nouveau mode de vie.

Maigrissez en beauté

Nous avons toutes besoin d'un stimulant. On ne se jette pas avec bonheur dans un régime amaigrissant. C'est une corvée. Il y a la récompense au bout, quand on atteint le poids désiré, mais il est important de garder le moral. Il y a de nombreux moyens d'y parvenir. En premier lieu, soyez aussi séduisante que possible, quelle que soit votre taille.

Vous vous souvenez du conte d'Andersen, du vilain petit canard qui devient un beau cygne ? Lorsqu'on mincit, le processus est analogue. Nous étions laids, et notre beauté n'apparaît que lorsque nous avons éliminé les kilos indésirables. Crapauds, nous nous transformons en princesses. Telle est notre volonté. Nous sommes grosses. Nous sommes affreuses. Nous suivons un régime. Nous devenons superbes. Je pose la question : pourquoi attendre ?

Quel que soit votre point de départ, commencez votre régime en beauté. Si votre apparence physique ne vous intéresse pas, pourquoi diable vous imposez-vous cette tâche écrasante que constitue un régime amaigrissant ? Dès le début, laissez apparaître le cygne potentiel. Vous serez plus motivée si, dans le miroir, vous apercevez quelqu'un qui mérite les efforts que vous faites. Il est humain de se désintéresser de son physique quand on est gros. Mais il faut que vous soyez positive en maigrissant. Bon, vous êtes grosse. Cela ne veut pas dire que vous deviez être moche.

Je connais beaucoup de femmes fortes qui sont splendides. Elles font peut-être un 48 ou un 50, mais elles sont toujours bien habillées, parfaitement coiffées, éclatantes et radieuses. Nombreuses sont celles qui, pendant un régime, se croient obligées de se vêtir de couleurs sombres. « Je suis grosse, peu importe ce dont j'ai l'air », telle est leur philosophie. Ce sont des âneries. L'apparence physique est toujours importante.

Quand j'étais ronde, j'aimais quand même m'habiller. Ce n'est que déprimée et beaucoup trop grosse que j'ai cessé de me préoccuper de mon apparence.

Il y a quelque temps, on m'a raconté une blague : quelle est la différence entre une grosse femme et un éléphant ? Voici la réponse : à peu près cinquante kilos et une robe noire.

Il y a quelques années, on déconseillait aux femmes

fortes de porter des couleurs vives. C'est encore une règle pour beaucoup de gens gros. Et comme ce n'était pas encore assez déprimant de leur interdire le rouge, le jaune et le rose, les pantalons étaient également exclus. Quelle absurdité ! Il faut vous intéresser à ce que vous portez, en être fière, même si vous ne devez commencer votre régime que la semaine prochaine. Faites attention à votre allure d'ensemble, pas uniquement à votre tour de taille.

Conservez précieusement les atouts qui vous ont été donnés. Dieu et ma grand-mère irlandaise m'ont donné un joli teint. Si je ne peux pas m'accorder le mérite de ce que mes gènes m'ont transmis, du moins me félicitera-t-on de préserver mes atouts naturels. Je n'utilise pas de lotions hors de prix. Je me lave le visage avec un savon non alcalin et je mets une bonne crème hydratante.

Sauf pour des rôles exotiques comme Cléopâtre ou pour interpréter des femmes plus âgées comme la Martha de *Qui a peur de Virginia Woolf?* je me maquille très peu à l'écran et je le fais toujours moi-même. J'aime jouer avec les couleurs, mais je ne me considère pas comme une toile sur laquelle on étale plusieurs couches de peinture. Cela est encore plus vrai de ma vie non professionnelle. La plupart du temps, je ne porte même pas de fond de teint. En vieillissant, je trouve que les ombres à paupières brillantes et le rouge vif soulignent mon âge. La poudre s'agglutine dans les rides naturelles, surtout autour des yeux. Plus vous vous poudrez, plus vous accentuez ce que vous essayez de cacher. Plus vous vieillissez, plus votre maquillage doit être subtil. Il faut s'accepter tel que l'on est. Vous avez quelques cheveux gris et quelques rides, et alors ? Pour bien des raisons, il est essentiel de s'accepter, y compris pour réussir à perdre du poids.

Gardez le sens de l'humour

Ne vous prenez pas trop au sérieux. Tout le monde connaît le cliché de la joyeuse grosse dame qui pleure intérieurement ; mais, au cours d'un régime strict, savoir rire à ses propres dépens vous permet parfois de garder le moral sans vous détourner de votre objectif.

J'ai toujours aimé plaisanter et, aujourd'hui, j'ai une vision plutôt optimiste de l'existence. Il y a tout juste deux ans, j'ai tourné un film pour la télévision, avec mon vieil ami Robert Wagner, film intitulé *There must be a Pony* (Il doit bien y avoir un poney). Ce titre vient d'une histoire que raconte le personnage de Robert.

« Vous connaissez celle de l'homme qui avait deux fils ? L'un était un incurable pessimiste, l'autre un incurable optimiste. La veille de Noël, ne sachant plus que faire, le père tenta une expérience. Il mit le pessimiste dans une pièce, avec tous les jouets dont peut rêver un enfant, et déposa du crottin dans la chambre de l'optimiste.

Puis il observa leur réaction. Le pessimiste s'assit au milieu des jouets, des vêtements et des articles de sport et contempla tout cela d'un air méfiant, en se demandant ce qui pouvait bien clocher. Puis il regarda dans la chambre de l'optimiste. L'autre petit garçon avait du crottin jusqu'à la taille et le jetait par-dessus son épaule en riant.

— Hé, lui dit son père, pourquoi es-tu si heureux ?

— Eh bien, papa, au milieu de toute cette saleté, il doit bien y avoir un poney. »

L'optimisme est une récompense en soi, et c'est un atout considérable quand il faut affronter les rigueurs d'un régime.

Le tournage de ce film avec R. J. fut gratifiant de bien des manières. C'était la première fois que nous faisions quelque chose ensemble et la première fois que R. J. me voyait depuis que j'avais beaucoup maigri.

En fait, ce fut un événement capital. Quand je suis entrée sur le plateau, R. J. fut ébahi.

« Mon Dieu, Elizabeth ! dit-il. Tu es superbe ! »

C'est fabuleux d'entendre pareil compliment, et tous ceux qui suivent sérieusement leur régime connaîtront, un jour ou l'autre, un tel enthousiasme.

Quand R. J. fut revenu de sa surprise, je lui ai demandé comment il était resté si beau et si pimpant.

« La peur, répondit-il sans la moindre hésitation. Si je ne reste pas en forme, on ne m'engagera plus. »

Même quand je travaille, j'essaie de mettre de l'animation en jouant quelques tours de ma composition. Pendant les préparatifs, ce que je déteste le plus, c'est l'essayage des costumes. C'est tellement enquiquinant que je fais de petites farces pour me distraire.

Il y a quelque temps, après une série d'essayages particulièrement longs et compliqués, l'une des jeunes assistantes de Nolan Miller vint chez moi pour effectuer quelques retouches urgentes. Tout le monde avait été sous pression pour que ces costumes soient parfaits. Tout en travaillant, la jeune femme me dit que Nolan et son équipe craignaient que ce travail de dernière minute ne me fasse perdre patience. Je lui ai avoué que je n'étais pas fâchée, mais que, si nous faisions une farce au célèbre couturier, cela ne lui ferait pas de mal.

Quand la fille eut terminé, je suis entrée dans mon vestiaire et j'en suis ressortie avec un bâton de rouge à lèvres bordeaux. Je lui ai dessiné un beau coquart sur l'œil droit. Westmore aurait été fier de moi. On avait vraiment l'impression qu'elle avait pris une peignée.

Elle retourna dans la boutique de Nolan et entra comme une trombe, en sanglotant. « Jamais je ne retournerai chez cette femme ! » Tout le personnel s'agglutina autour d'elle. Quand elle releva la tête, ils aperçurent son œil au beurre noir. La jeune femme leur raconta que je lui avais lancé mon poing dans la figure. Ils étaient furieux.

On demanda même à Nolan de venir. Quand la fille leur eut révélé la vérité, tout le monde rit de bon cœur et la tension disparut.

« Tu sais, Elizabeth, me dit Nolan un peu plus tard, j'ai fini par découvrir ce qui te sauve. C'est ton sens de l'humour. Tu sais te moquer de toi-même. »

Il y a une grande part de vérité dans les propos de Nolan. L'une de mes forces, c'est de ne prendre au sérieux ni mon image ni moi-même.

Si je n'avais pas eu le sens de l'humour, je n'aurais certainement pas utilisé les « trucs » qui se révélèrent les plus efficaces pour mon régime. On m'a dit que Debbie Reynolds avait accroché, à la porte de son réfrigérateur, une photo de moi, au pire de ma condition. Cela lui rappelait ce qui pourrait bien lui arriver si elle y faisait une descente. Si cela marche pour Debbie, peut-être cela marchera-t-il aussi pour moi, me suis-je dit, pendant la première phase de mon régime. J'ai donc collé une photo de moi sur le réfrigérateur et, chaque fois que je pénétrais dans la cuisine, ma propre corpulence venait me rappeler ce qui se produirait si je faisais une entorse. Ce fut une arme extrêmement dissuasive. Si vous pensez qu'une photo de moi en *Miss Gros Lard* vous inspirera, allez-y, mettez-la sur votre réfrigérateur, je n'y vois aucun inconvénient ! Vous avez largement assez de photos pour en choisir une. Je ne me cachais pas vraiment à cette époque et, même si j'avais essayé de fuir la presse, elle m'aurait retrouvée.

Ai-je honte de ce que j'étais alors ? Eh bien, je n'en suis pas fière, mais, pour être franche, je ressens plus de tristesse que de honte en regardant ces photos. Il y a quelque temps, je suis tombée par hasard sur un cliché pris à Washington, et ce n'est pas ma corpulence qui m'a le plus frappée. Ce sont mes cheveux qui retombaient, informes, autour de mon visage. Aujourd'hui, il me semble évident que le seul fait d'apparaître en public dans cet état prouvait que je ne me souciais plus de mon apparence. Comment ai-je pu croire que ces ensembles Halston m'amincissaient ? Si bien conçu qu'il fût, aucun vêtement n'aurait pu dissimuler mon volume. Le spectacle de ma propre anatomie, au pire de sa condition, m'a aidée à ne pas ouvrir la porte du réfrigérateur. C'est un excellent moyen. Au lieu d'utiliser une photo de moi, peut-être devriez-vous coller une photo de vous.

Vous pouvez aussi essayer le petit système mécanique qu'une de mes amies a installé dans son réfrigérateur. Chaque fois qu'elle ouvrait la porte, une voix lui criait : « Tu es encore là, gras-double ? »

Fuyez la tentation

« Je résiste à tout sauf à la tentation », dit-on souvent et, quand on est au régime, les occasions d'y succomber sont étonnamment nombreuses. La télévision, les magazines, les affiches font de la publicité pour des tas de choses délicieuses. On ne nous laisse pas un instant oublier tout ce qui est nourriture, et l'un des pièges de la publicité, c'est qu'elle vous persuade que vous ne pouvez avoir aucune activité de loisir sans manger : les hot-dogs pendant les matches de base-ball, les zakouski devant la télévision, la bière et les diverses boissons gazeuses entre deux sets de tennis. En ville, regardez autour de vous. Il faut être de marbre pour traverser une galerie marchande sans être pris d'une envie de grignoter. Un magasin sur deux vante ses glaces, sa cuisine chinoise, ses cacahuètes ou ses pizzas. Pour vous protéger, arrivez juste après le petit déjeuner ou le déjeuner, quand vous avez l'estomac plein, ou prévoyez de prendre un repas dans un magasin diététique.

Voyez aussi le rituel du cinéma, tel qu'il est consacré par l'usage. Il ne s'agit pas simplement d'acheter un billet.

On nous a tous habitués à nous bourrer de bonbons ou de pop-corn. A Los Angeles, la tendance est aux menus de plus en plus copieux, servis dans le hall. Il est maintenant possible d'y acheter des *nachos*[1], des *tacos*[2], des *buritos*[3], des biscuits, des gâteaux et des sundaes. Le spectateur doit subir le supplice de la mangeaille avant de prendre un siège. Mieux vaut renoncer à cette espèce de mâchonnement automatique qui accompagne toute autre activité. Mais si vous vous sentez incapable de voir un film sans remuer les mâchoires, emportez quelque chose qui n'est pas prohibé par votre régime. Je connais une femme qui se munit d'un sac plein de feuilles de laitue. Elle préfère grignoter des légumes verts que des amandes.

Lors d'une de mes premières cures, quelques femmes, dont j'étais, emportaient des en-cas spécialement conçus pour les régimes. Nous passions en courant devant la vitrine et nous râlions à cause de l'odeur de graisse du pop-corn, tout en nous occupant les mandibules avec des bâtonnets de céleri ou de carotte. Je n'aurais jamais pensé que je pourrais passer devant le distributeur de pop-corn sans m'y arrêter. Mais j'en suis tout à fait capable, et vous aussi. C'est une question d'orgueil, une fois de plus. Nous ne sommes quand même pas faibles au point de nous laisser abattre par un grain de pop-corn. En fait, le pop-corn n'a rien de malsain, à condition de ne pas dégouliner de beurre et de sel, ce qui est généralement le cas dans les salles de cinéma. Mieux vaut, au début d'un régime, fuir les occasions où l'on risque de faire des excès. La plupart de vos amis ne verront aucun inconvénient à vous donner du poulet sans peau, grillé au barbecue, et une salade. Mais il y a des exceptions. Soyez donc sur vos gardes.

Il y a encore aujourd'hui des choses que j'évite, les

---

1. Omelette mexicaine fourrée.
2. Crêpe de maïs fourrée.
3. Crêpe à la farine de blé fourrée.

tartines beurrées, par exemple. Il est tellement facile d'en avaler deux ou trois avant le dîner. Tant qu'à prendre des calories, autant le faire pour quelque chose que j'adore, non en grignotant d'un air distrait. J'évite de prendre un morceau de pain ou une cuillerée de dessert quand je suis au régime, et je vous conseille d'en faire autant. Ça ne fait que vous mettre l'eau à la bouche. Tout comme un alcoolique ne peut pas devenir un buveur occasionnel, un boulimique doit s'écarter des périls évidents. Une gorgée, une bouchée présentent le même danger pour l'un comme pour l'autre. Si vous avez de sérieux problèmes de poids, il faut traiter votre obésité comme une dépendance. Supprimez tout ce qui fait grossir de votre régime. C'est mauvais pour votre santé, et il faut fuir tout ce qui augmente votre appétit.

Une actrice de mes amies a trouvé un autre moyen d'éviter toute tentation. Elle a classé les aliments en deux catégories : « ennemis » et « amis ». Les premiers sont les produits à haute teneur calorique, les seconds les éléments sains et nutritifs. Chaque fois qu'elle se met à table, elle cherche à s'entourer d'« amis ». Dès qu'elle se trouve en présence d'aliments trop caloriques, elle pousse immédiatement son cri de guerre. Je l'ai vraiment vue le faire, lors d'une émission télévisée. Le présentateur avait une boîte de chocolats sur son bureau. Il lui en offrit.

« Ôtez-les ! Ce sont mes ennemis ! » s'est-elle écriée en levant les bras au ciel.

C'était drôle de la voir repousser les forces d'invasion.

« Ecoute, m'a-t-elle dit. Si déclarer la guerre aux produits trop caloriques m'empêche de manger, je suis prête à me battre. »

Je l'ai rencontrée par hasard, alors qu'elle avait pris quelques kilos. Je n'ai rien dit.

« L'ennemi m'a capturée et lavé le cerveau, admit-elle d'un air penaud. Mais je vais bientôt m'évader. »

La fois suivante, elle s'était évadée pour de bon. Sa

façon d'aborder le problème est sans doute un peu excentrique mais, en ce qui la concerne, ça marche. On invente souvent des petits jeux pour faire manger les enfants. « Voilà le tchou-tchou qui arrive dans le tunnel... L'automobile rentre au garage. » Partout, on entend ces phrases autour des chaises hautes. Pourquoi ne pas inverser le schéma ? C'est idiot, d'accord, mais si c'est efficace, qu'est-ce que ça peut faire ?

On peut aussi résister à la tentation en attendant qu'elle passe. Une fois encore, on peut appliquer l'une des méthodes des Alcooliques Anonymes [1]. Quand, sur la voie de la guérison, un alcoolique éprouve une envie irrépressible de boire, au lieu de se précipiter vers le bar pour se verser un verre, il s'arrête pour réfléchir. Il n'agit pas. « Bon, se dit-il, il faut que je me contrôle pendant une minute. » Quand cette minute est passée : « J'ai réussi à tenir une minute, poursuit-il, je vais essayer de tenir cinq minutes. » On peut utiliser exactement la même technique pour un régime amaigrissant. Quand, au bout de cinq minutes, on s'aperçoit qu'on n'est pas devenu une boule de nerfs tremblant des pieds à la tête, on se dit : « Bon, maintenant, je vais m'en passer. Peut-être le prendrai-je ce soir. » Quand arrive le soir et que l'envie devient insupportable, on recommence. La théorie des Alcooliques Anonymes consiste à agir au jour le jour. En l'appliquant à la boulimie, on doit parvenir aux mêmes résultats. Dans mon cas, ce fut une réussite.

Quand j'ai envie de quelque chose, il s'agit généralement de *Tofutti* [2]. C'est meilleur pour la santé et moins calorique que la glace, mais il faut quand même y résister quand on est au régime. Dans ces moments-là, je me dis : « Attends un peu. » La satisfaction immédiate, c'est pour

1. Association dont l'objectif est de venir en aide aux alcooliques.
2. Glace au tofu, pâte à base de soja.

les bébés. J'en suis arrivée au point où je sais que, quand je dis : « Attends », j'attendrai jusqu'à ce que j'oublie mon envie.

Il est un autre principe des Alcooliques Anonymes qui peut vous aider si vous faites une fixation sur le chocolat aux amandes, la pizza ou un quelconque produit : « Faites travailler un muscle et pensez à autre chose. » Au lieu de rêver de banana split, pourquoi ne pas lire un bouquin, aller au zoo, visiter un musée ou aller danser ? Faites quelque chose qui vous occupera l'esprit et vous fera oublier les calories. La meilleure échappatoire est sans doute de faire quelque chose de gentil pour quelqu'un que vous aimez, surtout si ce quelqu'un, c'est vous-même.

Prenez aussi conscience de ce que vous mangez, surtout si vous êtes, de plus ou moins bon gré, soumise à la tentation. Regardez comment se comportent les autres devant un repas à forte teneur calorique. La plupart mangent sans même y penser. On leur sert un plat, ils saisissent leurs couverts et se mettent à l'ouvrage, presque sans interruption, jusqu'à ce qu'ils aient liquidé leur assiette. Ils n'ont probablement pas la moindre idée du nombre de calories qu'ils ont absorbées. Même quand je mangeais énormément, je n'engouffrais pas comme un automate. Je prenais de petites bouchées et je savourais. C'est une excellente habitude que j'ai prise dans mon enfance. Je suis surprise par le nombre de gens qui engloutissent littéralement, sans même goûter ce qu'ils avalent. Si je me suis empiffrée, du moins ai-je savouré chaque bouchée.

Je ne suis pas tombée non plus dans le piège du grignotage en douce. Je mangeais beaucoup, jamais en cachette. Il y a des gens qui picorent en public. Quand je sortais avec une de mes amies, elle ne touchait pas au pain, petit ou grand, commandait une entrée des plus raisonnables et ne prenait pas de dessert, à l'exception d'un fruit. Elle pesait alors plus de quatre-vingt-dix kilos. Pendant longtemps, j'ai gobé ce qu'elle me racontait : son métabolisme était tellement perturbé que, quoi qu'elle fasse, il lui était impossible de maigrir. Peut-être, mais un soir, après un dîner chez elle, j'ai vu ce qu'elle mangeait réellement.

Elle avait débarrassé la table et rangé la vaisselle dans la cuisine. Elle était absente depuis un certain temps quand je décidai d'aller voir si je pouvais l'aider. Je l'ai trouvée debout devant l'évier, en train de racler les assiettes. Avant de jeter les restes, elle en avalait les meilleurs morceaux. Elle m'a fait pitié. Pendant tout ce temps où elle blâmait son métabolisme, il lui fallait vivre avec cette faim dévorante. Je me suis éclipsée avant qu'elle m'aperçoive, mais je n'ai jamais oublié le spectacle de cette femme qui se gavait des reliefs d'un repas. J'ai été une vraie poubelle, comme on dit, mais jamais en cachette et jamais avec la nourriture d'autrui.

Voici un autre truc qui vous permettra de ne pas manger trop vite. Observez bien votre assiette avant de commencer. Non seulement vous aurez le plaisir d'en contempler le contenu, mais cela vous permettra également de jauger le nombre de calories et de décider de ce que vous allez consommer.

N'allez pas vous imaginer, autre piège, que vous ne pouvez rien laisser dans votre assiette. Quand vous dînez au restaurant, on vous apporte parfois un demi-poulet. Vous n'êtes pas obligée de le finir. C'est une leçon que j'ai eu du mal à apprendre. Comme la plupart des gens de ma génération, on nous répétait sans cesse, à mon frère et à moi : « Mangez tout. En Chine, il y a des enfants qui meurent de faim. » (Laureen Bacall raconte que son fils Stephen, à qui on donnait le même conseil, avait levé les bras au ciel en disant : « Cite-m'en deux. ») Si vous voulez aider ceux qui sont moins fortunés, donnez de l'argent pour qu'on leur envoie des vivres. Ne vous inquiétez pas de ce qui est déjà cuit et servi.

Présentez joliment vos plats

Ce n'est pas parce que votre assiette contient une portion réduite qu'elle ne doit pas sembler pleine et appétissante. Si vous ne pouvez pas satisfaire votre appétit, du moins pouvez-vous combler les autres sens. Voici ce que j'entends par là : même si vous avez une côte d'agneau pour tout dîner, pourquoi ne pas la servir de la manière la plus élégante possible ? Utilisez votre plus beau service de porcelaine ou prenez un plat que vous aimez particulièrement, pour vous toute seule. Les établissements de cure ont compris l'importance de la présentation. L'un des plus luxueux offre à ses clients des napperons de fine dentelle, d'épaisses serviettes damassées, des verres en cristal, de superbes plats d'argent et des assiettes de porcelaine. Des fleurs fraîchement coupées viennent embellir chaque table. Même si vous ne pouvez pas vous offrir cela, un joli grès, une marguerite ou un pétunia dans un pot de confiture suffisent au plaisir de l'œil. Et puisqu'il s'agit de *vos* besoins et de *votre* plaisir, c'est important.

Si vous êtes une femme au foyer, que vous avez un mari et des enfants à charge, vous savez que c'est un luxe de pouvoir faire quelque chose pour soi. Pour réussir un régime, il faut s'aimer et l'exprimer d'une manière constructive, attentionnée.

Les produits de régime sont parfois délicieux

Il n'y a aucune raison pour que vous ayez une alimentation fade et sans intérêt. Certes, il faut réduire les portions, mais vous n'êtes pas obligée de faire insulte à votre goût. Un régime est sans doute ennuyeux, mais il n'est pas nécessairement fade. Il existe tant de condiments qui ne font pas grossir et d'assaisonnements qui relèvent le goût. Vous en trouverez chez votre épicier, mais il existe des magasins spécialisés qui vous fourniront des produits conçus pour donner plus d'attrait aux plats à faible teneur calorique. Je vous conseille de fouiner un peu dans les magasins diététiques. Vous y trouverez non seulement des produits spécialement conçus pour une alimentation saine, mais aussi le moyen de varier le goût de vos menus de régime. S'il y a une différence de deux calories entre un produit qui vous plaît et un qui ne vous plaît pas, allez-y, offrez-vous ce plaisir. Mais n'exagérez pas. Quand vous serez parvenue au stade du maintien, vous trouverez davantage de produits qui sont de véritables petites merveilles. Au petit déjeuner, je peux maintenant agrémenter mon pain grillé d'une confiture qui ne comprend que quatorze calories. Il existe plusieurs mayonnaises de régime qui ne comprennent que quarante calories par cuillerée à soupe (je préfère composer mon propre accompagnement mais, en cas d'urgence, j'en ai dans mon réfrigérateur).

Il est aussi utile d'essayer les différents succédanés de sel disponibles sur le marché et les condiments à base de légumes séchés. Et n'oubliez pas que les herbes et les épices ne contiennent presque aucune calorie et que le sel de mer, utilisé avec modération, est bien meilleur pour votre santé. Nous avons la chance de vivre à une époque où nous pouvons nous procurer des ingrédients qui viennent des quatre coins du monde. Parfois, plus l'herbe est exotique, plus le repas semble intéressant, bien que les goûts des uns et des autres puissent différer. J'apprécie énormément la coriandre, en feuilles fraîches ou en graines, mais j'ai un ami qui lui trouve un goût de savon. Certaines cuisines étrangères, à présent fort répandues aux Etats-Unis, sont une aubaine pour les régimes. C'est le cas notamment des cuisines chinoise et japonaise et, plus récemment, de la cuisine thaïe. Quand vous dînez dans ce genre de restaurant, regardez attentivement les ingrédients et les techniques culinaires. Les plats aigres-doux sont non seulement frits, mais souvent trempés dans une pâte à crêpe et très sucrés. Cela dit, la plupart des plats orientaux sont cuits dans très peu d'huile, et la cuisine chinoise sautée est une bénédiction, que l'on mange chez soi ou au restaurant. N'oubliez pas non plus la cuisson à la vapeur. Vous trouverez des paniers spéciaux qui simplifient la préparation des légumes. La cuisson à la vapeur conserve la fraîcheur et l'eau contenue dans les aliments. Vous n'aurez donc à utiliser ni beurre ni huile. Il suffit de quelques herbes ou de quelques épices pour obtenir un plat relevé et nutritif.

J'adore faire des expériences gastronomiques et, quand j'essaie de maigrir, je mets mon ingéniosité à l'épreuve. Ces dernières années, j'ai découvert bon nombre d'excellents succédanés, surtout pour les desserts où un peu de faux sucre peut se révéler très efficace. L'inventeur du Tofutti a mis des années à obtenir un remarquable ersatz de glace. J'aimerais que quelqu'un invente une version à faible teneur calorique de la crème au caramel que j'aime tant. Mais, en attendant, je me console avec le Tofutti et le yaourt surgelé.

Vous ne serez pas déprimée si vous n'avez pas l'impression de vous priver. Peu m'importe de passer du temps à me rendre les choses agréables. Si vous ne trouvez pas que vous valez le mal que vous vous donnez, c'est que vous avez tendance à vous sous-estimer.

Surprenez-vous ! Surprenez vos papilles. Amusez-les, et votre estomac rouspétera beaucoup moins.

Roddy parvenait toujours à me surprendre quand j'étais pensive.
(Ph. Roddy McDowall.)

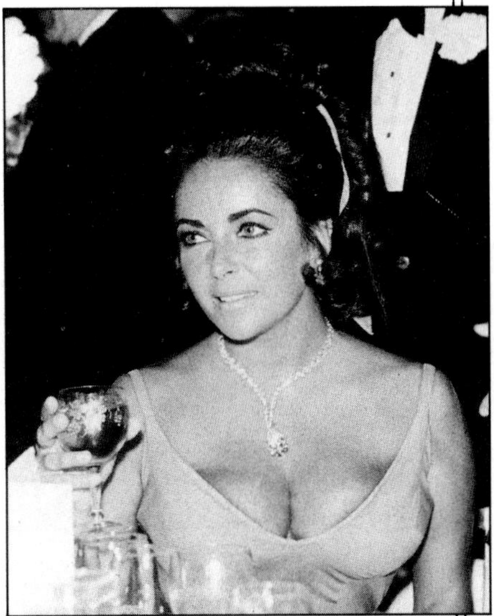

Premier jours de répétition pour *The Little Foxes,* joué à Broadway ;
dîner de la remise des Oscars ;
autre photographie de la célébration de mes quarante ans ;
« Un petit diamant devrait tomber dans la vie de chaque femme. »
(De g. à dr., en haut : © Martha Swope ; Ron Galella/Ron Galella, Ltd. ;
en bas : Norman Parkinson © 1972 ; Norman Parkinson © 1977.)

Ci-contre : **Je n'avais pas peur de porter du blanc ;**
c'était l'époque d'avant mes caftans.
(Ron Galella/Ron Galella/Ltd.)

... je bois...
(© Felice Quinto.)

... je mange...
(Rudolf Meidl.)

... et je prends du poids !
(Ron Galella/Ron Galella Ltd.)

« Ronde, ferme et bien emballée, je couronne la reine des Pommiers en fleur de Shenandoah. »
(Winchester Star.)

***Ci-contre :* De plus... en plus de poids !**
(en haut : Ron Galella/Ron Galella, Ltd.)

Exemple de mon manque d'amour-propre, je me moquais de ma coiffure, de mon maquillage et de mon poids *(à g.)*. Voici la photo que j'ai collée sur mon réfrigérateur *(à dr.)*. *(A g. : Jean-Paul Dousset/Agence Angeli ; à dr. : avec l'aimable autorisation de Liz Smith.)*

Ci-contre : **Résultat de trop d'alcool, de nourriture, de pilules et avant le « déclic ».** *(Jimmy Lowe.)*

Avec Géraldine Chaplin dans *Le Miroir se brisa.*
Mes yeux, mon visage, tout mon être trahissent ma tristesse.
(Weintraub Entertainments.)

Ci-contre :* Avec Anthony Zerbe dans *The Little Foxes.
Mon « verre à vin » est rempli de thé.
Dès le rideau tombé, on y mettait du vrai.
(© 1985 Martha Swope.)

***Au-verso :* Je bavarde avec Richard, Rudolph Nureyev et Tessa Kennedy au cours de la réception pour mes cinquante ans à Londres.** *(Doug McKenzie, PPS.)*

L'immortelle Martha Graham, la fabuleuse Liza Minelli et moi.
(David McGough/DMI.)

Ci-contre : **Richard et moi avec Joan Kennedy à la générale de *Private Lives* à Boston.** *(David McGough/DMI.)*

Victor Luna et moi au cours de la soirée qui suivit la première de *Private Lives,* prête à être plumée !!!
(David McGough/DMI.)

Apprenez à manger avec ceux qui ne sont pas au régime

Vous souhaiterez peut-être éviter les restaurants et les dîners en ville — tout comme moi —, les premières semaines de votre régime, mais il est à la fois impossible et déraisonnable de dîner trop longtemps dans une splendide solitude. Si vous êtes entourée d'une famille mince et affamée, il vous faudra, dès le début, affronter votre régime et la tentation. Le pire, c'est que vous risquez de mâchonner des légumes verts devant ces veinards qui se gavent et ne prennent jamais un gramme.

Au bout d'un certain temps, j'ai appris à dîner au restaurant avec plaisir, même quand je réduisais le nombre de calories que j'absorbais. Tout d'abord, je savais que je n'avais pas le choix. Tout comme un alcoolique doit apprendre à vivre dans une société où les autres boivent, un boulimique doit être capable de dîner avec ceux qui ne se restreignent pas.

Au début de mon régime, j'ai refusé un certain nombre d'invitations pourtant tentantes, simplement parce que je craignais de ne pas me contrôler. J'ai fini par craquer et par accepter un dîner. Je me faisais plus de souci pour mon repas que pour ma tenue. J'ai choisi une robe tellement étroite que je n'aurais pas pu avaler fût-ce une feuille de laitue. J'ai été très mal à l'aise, mais j'ai passé la soirée sans succomber. J'ai même appris à prendre une sorte de vil plaisir à me priver de tout en pleine abondance. Si vous êtes au régime et que cela marche bien, persévérez. Soyez exagérément vertueuse et que ce comportement outrancier vous serve de bouclier ! Evitez les aliments interdits comme s'ils devaient vous mener en enfer, et faites tomber une pluie de « non merci ».

Tout cela nous amène à une question fort judicieuse : à la maison, quelles qu'aient été les habitudes antérieures de votre famille, pourquoi conserver des aliments qui font grossir ? Profitez de votre régime pour introduire de bonnes habitudes alimentaires dans votre foyer, même pour ceux qui sont minces. Débarrassez-vous des biscuits, des chips et remplacez-les par des produits nutritifs et savoureux. Apprenez à votre famille à manger convenablement. C'est un excellent objectif. Ils ne sont pas obligés de se mettre au régime, mais évitez les produits mauvais pour la santé et bourrés de calories. Par exemple, si vous faites des peaux de pommes de terre pour vous, donnez-leur la chair ; et, croyez-moi, que vous fassiez un poulet sauté dans un peu d'huile insaturée ou dans une demi-plaquette de beurre, ils ne verront aucune différence.

Quoi que vous fassiez, obligez ceux qui vous entourent à vous aider. Réunissez tous les membres de la famille et soyez franche. Dites-leur que votre poids vous soucie et que vous devez surveiller votre alimentation. Ceux que vous aimez vous soutiendront, plus que vous ne l'imaginez, *à condition* de leur en donner l'occasion. Je n'ai jamais fait de régime en cachette, pas plus que je ne me suis cachée pour manger. Une fois que j'ai cessé de parler régime et que je m'y suis mise, tous mes proches ont essayé de m'aider. Un jour que je bavardais au téléphone avec une amie, une de mes remarques l'a surprise : « Il faut que je te quitte, lui ai-je dit. Je suis en train de déjeuner. » Elle savait que j'allais réussir. Auparavant, je parlais en mangeant. Aujourd'hui, cela me semblerait inimaginable. En fait, je n'aime pas avoir une conversation téléphonique avec quelqu'un qui mâchonne du chewing-gum à l'autre bout de la ligne.

Bien que ma famille ait généralement soutenu mes efforts, nous connaissons tous le pauvre conjoint ou l'ami qui, consciemment ou non, vous pousse à manger ce qui vous est interdit. Tout comme on pousse un alcoolique à prendre « un petit verre », on incite celui ou celle qui est au régime à en goûter « juste une bouchée ». Nous connaissons tous des gens comme ça et, bien qu'ils se disent amis, je trouve ce comportement indélicat et mesquin. Apprenez à vous défendre de ceux qui disent : « Oh, mais tu es superbe, reprends donc du gâteau ! » Ou bien : « Oh, tu es magnifique ! Comment peux-tu refuser mes lasagnes ? Je les ai faites pour toi, et il n'y a vraiment pas beaucoup de calories. » Méfiez-vous des « reprenez-en » ou du classique « pour une fois ». Quand on me bassine à propos de mon alimentation, j'inverse les rôles et je leur demande de me décrire ce qu'ils mangent. « Dites-moi quel goût ça a ? Quelle consistance ? Décrivez-m'en la texture. Est-ce que cela vous coule dans le gosier ? Le chocolat a-t-il vraiment tant de goût ? » Au bout d'un certain nombre de questions, on vous fiche la paix. C'est pervers, mais ça marche !

A présent, mes menus sont si bien établis que mes amis n'essaient plus de m'en faire dévier. Ils m'en empêchent même quand je le souhaiterais. L'année dernière, j'ai dîné avec un de mes bons copains, qui m'a souvent tenu compagnie pendant mon régime. Avec un autre couple, nous sommes allés dans un restaurant de Santa Monica Boulevard et, quand le serveur vint nous voir, mon ami commanda à ma place :

« Mademoiselle Taylor prendra le poisson grillé, dit-il, les légumes cuits à la vapeur, de la laitue et des toma... »

Je l'ai interrompu au beau milieu de sa phrase :

« Non, je veux une bavette d'aloyau, de la purée de pommes de terre, des petits pois, une salade composée avec un peu de mayonnaise aux cornichons et aux piments. »

Bouche bée, mon ami s'est tourné vers moi :

« Elizabeth, qu'est-ce que tu fais ? »

J'ai ri et j'ai passé le reste du repas à le rassurer en lui disant que, de temps en temps, il m'était permis de manger ce dont j'avais envie.

Je sais que je n'aurais jamais été capable de maigrir

autant sans l'aide de mes amis. Si les vôtres ne se montrent ni aussi compréhensifs ni aussi solidaires, ce ne sont peut-être pas des amis.

Les paliers

Quel que soit le système adopté, il est rarement assez solide pour vous empêcher de vous décourager pendant ces inévitables périodes où vous poursuivrez rigoureusement votre régime sans perdre un gramme.

Qu'y a-t-il de pire que de monter sur la balance, parfois plusieurs semaines d'affilée, et de s'apercevoir que l'aiguille refuse obstinément de changer de chiffre. J'en sais quelque chose, je suis passée par là.

Quand j'ai commencé mon régime, un médecin m'a conseillé de ne pas me peser tous les jours. En se pesant une fois par semaine, disait-il, on évite, autant que faire se peut, les effets négatifs des paliers. L'ai-je écouté ? Bien sûr que non. Je voulais noter l'évolution quotidienne, comme une sorte de Dow Jones à l'envers. Tout fut parfait jusqu'au jour où j'ai atteint le premier palier. Tous les jours, je montais sur la balance et je constatais que mon poids n'avait pas bougé depuis la veille. Au bout d'une semaine, je posais sur les chiffres un regard incrédule, en attendant que l'aiguille m'indique qu'il y avait une erreur. Il n'y en avait pas. Je cherchais désespérément une excuse, mais je n'avais aucun vêtement à enlever et, bien que j'aie les cheveux mouillés en sortant de ma douche, je ne parvenais pas à me convaincre que ce fût là une explication probante. Je descendis de la balance et je sautai dessus à pieds joints. J'espérais qu'en répartissant le poids de façon égale, le chiffre indiqué serait moins élevé. Hélas, mon saut ne me fut d'aucune utilité. L'aiguille semblait avoir plutôt remonté. J'avais beau jongler, elle ne voulait pas redescendre. Seul quelqu'un ayant subi cette épreuve peut comprendre le désarroi de celui ou de celle qui n'avance plus.

Ne souffrez pas en silence. Dites à vos amis que vous avez besoin de leurs encouragements. Qu'ils vous organisent quelques activités distrayantes pour passer le temps, jusqu'à ce que votre poids diminue de nouveau. Soyez indulgente envers vous-même, c'est encore plus important. Il vous faudra toute votre volonté pour ne pas dire : « Je ne maigris plus, pourquoi me priver ? » Vous allez imaginer tous ces repas auxquels vous avez renoncé et vous en arriverez au point où vous n'aurez plus qu'une envie : vous diriger au pas de charge vers la table et rattraper le temps perdu. Ne faites pas ça ! Persévérez et essayez d'atténuer cette impression de privation en vous offrant quelques plaisirs non comestibles. C'est le moment idéal d'essayer une nouvelle coiffure, de vous offrir un nettoyage facial ou d'acheter une nouvelle robe. Faites ce qu'il faudra pour tenir jusqu'à la fin du palier. Même s'il faut plusieurs semaines, vous finirez par obtenir des résultats. Ne succombez pas à la tentation et n'abandonnez pas la partie.

Le gueuleton

Quand vous aurez atteint votre premier objectif raisonnable, et à condition de ne pas être bloquée par un palier, vous pouvez vous permettre l'un des éléments les plus gratifiants de mon régime personnel : un gueuleton modéré. Vous pourrez manger ce que vous aimez le mieux, sans interrompre votre régime ou votre programme de maintien.

Une fois par semaine, pour un repas, vous pouvez succomber à vos envies gastronomiques les plus folles et manger ce qui vous plaît. Il n'y a aucun mal à vous offrir ce petit plaisir, à condition que vous acceptiez de reprendre votre régime aussitôt après.

Le poulet frit, la purée de pommes de terre, le jus de viande et le *cornbread*, voilà mes folies ! Il m'est aussi arrivé de manger toute une pizza, suivie d'un sundae au chocolat chaud. Vous pouvez certes manger ce que vous désirez, *mais* vous devez vous maîtriser de nouveau au repas suivant.

Je pense qu'il vaut mieux festoyer à jour fixe, chaque semaine. Je le faisais le samedi soir ou le dimanche, au déjeuner. Je ne vous recommande pas de le faire le dernier jour d'une semaine et le premier de la semaine suivante. Ce serait trop déséquilibré. Et n'oubliez pas que ce n'est que pour *un* repas. Mieux vaut sans doute programmer votre bon repas à midi. Vous aurez ainsi plus de temps pour en brûler les calories et vous ne vous sentirez pas gonflée en allant vous coucher.

J'ai fait mon premier gueuleton quand j'ai atteint soixante kilos. J'en rêvais depuis que je pesais quatre-vingts kilos. Mille fois j'ai préparé et savouré ce repas en pensée. Je mangeais cent soixante grammes de blanc de poulet sans peau et des légumes en rêvant d'une énorme cuisse de poulet frit, avec une peau panée, reposant sur une montagne de purée dégoulinant de sauce.

De temps à autre, mon rêve subissait une légère variation, et j'y ajoutais le régal de mon enfance : la crème double du Devonshire. Ma passion pour cette friandise exceptée, j'ai heureusement pris l'habitude, en Angleterre où j'ai été élevée, de portions plus petites que celles qu'on sert aux Etats-Unis. Nous n'avons pas eu, mon frère et moi, l'habitude des récompenses alimentaires. On nous donnait un gâteau pour le goûter ou pour le dîner, mais ce n'était jamais une carotte pour nous faire terminer une quelconque tâche ou pour nous récompenser d'avoir été sages. Je ne crois pas que les petits Anglais que j'ai connus dans mon enfance comprendraient ce système du gueuleton, mais rares sont les Américains qui ne le comprendront pas.

A présent, je mange de façon plus normale et je peux, de temps en temps, me permettre un repas très riche, sans m'en inquiéter pour autant. Il y en eut de mémorables. L'un des meilleurs repas gravés dans ma mémoire eut lieu à Londres, en août 1986. Nous venions d'arriver, George Hamilton et moi. Quand il eut terminé ses affaires, il vint me chercher au Dorchester Hotel pour m'emmener dîner. J'étais fatiguée et grincheuse, ce qui m'arrive rarement. J'avais prévu de descendre chez des amis, mais la presse en avait eu vent et avait provoqué un tel remue-ménage qu'il m'avait paru plus sage de modifier mes plans. Au lieu de passer un week-end tranquille, dans l'intimité, j'étais confrontée au tohu-bohu d'un séjour à l'hôtel. Nous n'étions pas au bout de nos peines. Quand nous sommes arrivés dans la salle à manger, celle-ci était fermée.

Nous sommes retournés dans notre chambre et nous avons demandé à l'opératrice que l'on nous y serve un repas chaud. Le temps passait, et nous avions vraiment faim. Aucun de nous deux n'avait mangé quoi que ce soit depuis la descente d'avion.

« Qu'est-il arrivé à l'opératrice ? ai-je demandé.

— Nous ferions mieux de nous en assurer », dit George.

Il la rappela pour lui demander ce qui se passait. L'opératrice nous présenta des excuses pour ce retard. Le chef, semblait-il, était parti se coucher, et on avait dû le réveiller. Il venait d'arriver. George éloigna le combiné de son visage pour me raconter tout cela en souriant.

« Qu'est-ce qui te ferait plaisir, Elizabeth ? De la sole de Douvres ? »

Il était environ une heure du matin, mais j'étais en Angleterre et j'avais envie d'un bon dîner anglais.

« Non, George, je voudrais du rôti, du Yorkshire

pudding, de la purée de pommes de terre avec de la sauce et un pudding avec de la crème du Devonshire ! »

George passa la commande. Vers deux heures moins le quart, un serveur vint nous prévenir que le dîner était prêt. Le chef voulait savoir si nous souhaitions qu'il monte pour découper la viande. J'ai répondu que c'était très gentil et que nous aimerions le remercier du mal qu'il s'était donné, mais qu'il n'était pas obligé de monter, à moins qu'il ne le souhaite. Dix minutes plus tard, le chariot contenant notre repas pénétra dans notre chambre, suivi du chef, vêtu d'un tablier blanc impeccable et coiffé d'une toque amidonnée. Il nous salua avec courtoisie, découpa le rôti et servit le dîner. On avait tout préparé, rien que pour nous deux. Et quel repas... jusqu'à l'extravagant dessert, une délicieuse crème brûlée, truffée de pêches et couronnée de la couche de sucre roux la plus fine et la plus croquante qui se puisse imaginer ! Bien que le chef eût la tête courbée tandis qu'il vaquait à ses occupations, nous lui trouvions un air familier. Et pour cause ! Notre bienfaiteur culinaire n'était autre qu'Anton Mossiman, l'un des chefs les plus célèbres au monde. Je n'oublierai jamais ce dîner. Ce fut l'une des expériences les plus mémorables et les plus inattendues de mon existence.

Le fait d'avoir réussi à me maintenir au même poids pendant plus de trois ans présenta un avantage non négligeable : j'ai pu manger tout ce dont j'avais envie pendant ce voyage. En rentrant à Los Angeles, nous devions faire escale à Washington, et j'ai appelé John Warner, juste avant le décollage.

« Bonjour, John, nous serons quelques heures à Dulles International et nous aimerions te voir. Ce serait merveilleux si tu pouvais passer à l'aéroport. Et peut-être pourrais-tu m'apporter un reste de poulet frit ?

— Ne t'inquiète pas, ma chère, fit John en riant. Je viendrai te voir... avec le poulet. »

John cueillit quelques épis de maïs dans le jardin et prépara lui-même un poulet frit. Quand nous sommes arrivés à Dulles, il nous attendait avec un paquet-repas ! Nous avons passé un merveilleux moment et, pendant la seconde partie du voyage, de Washington à L.A., nous nous sommes régalés avec notre repas « tout préparé ».

Le lendemain, quand je suis montée sur la balance. J'avais perdu deux kilos. J'avais dû dépenser assez d'énergie.

Quand on est mince depuis plusieurs années, c'est un bonheur que de pouvoir prendre des vacances sans compter les calories et les hydrates de carbone. Mais on ne peut se le permettre que lorsque l'on a réussi à conserver un poids idéal et que l'on maîtrise son alimentation depuis longtemps.

Les excès

Si vous faites des excès, c'est une chose totalement différente du gueuleton contrôlé. Que vous soyez au régime ou que vous ayez atteint le poids désiré et que vous en soyez au programme de maintien, vous ne pouvez vraiment pas vous éloigner trop longtemps d'une alimentation raisonnable. Si vous agissez ainsi, votre poids grimpera aussitôt et vous aurez du mal à mettre un terme à ce syndrome de yo-yo. Il fut un temps où je ne cessais de prendre et de reperdre mes fameux sept kilos, vous vous souvenez ?

On se relâche de façon insidieuse. Quand on est au régime, il faut être vigilant, telle une sentinelle, vingt-quatre heures sur vingt-quatre et trois cent soixante-cinq jours par an. Et si vous vous posez des questions sur votre apparence, n'oubliez pas votre miroir ou, dans mon cas, ce fameux jean moulant. Vous n'avez aucun moyen de mentir à votre image.

Je ne veux pas que les petites entorses mènent à un désastre. C'est une des raisons pour lesquelles je me bats pour peser quelques kilos de moins que mon poids idéal. J'ai fait des écarts, et mon relâchement me ramenait tout droit à l'embonpoint. Il y a quelques années, j'ai été hospitalisée pour des problèmes de dos. J'y suis restée trois mois et j'ai beaucoup, beaucoup grossi. Il m'a fallu du temps pour perdre ces kilos-là, mais j'y suis parvenue. George Hamilton pensait que c'était à ce moment-là que j'étais « la plus grosse ». Je lui ai montré de vieilles photos, celles où je pesais plus de quatre-vingts kilos. Il ne voulait pas y croire ! Ne vous relâchez donc pas ! Plus récemment, on m'a hospitalisée pour une opération de la bouche. J'ai dû suivre un régime liquide. On aurait pu penser que j'allais maigrir, mais *liquide* est un terme vague, qui recouvre divers produits, tels les boissons sucrées et glacées, les milk-shakes, le whisky et cette délicieuse invention new-yorkaise qu'est l'*egg cream* [1]. Avec ce régime « restreint », je me suis gavée de glaces. Je faisais tout cela en essayant de ne pas y penser. De gorgée en gorgée, en toute innocence, je me serais laissée dériver vers des sommets si, en revenant à la maison, je ne m'étais pas vue dans le miroir en pied, alors que je prenais gentiment le chemin de la cuisine.

« Hou, la belle baleine blanche ! » me suis-je dit en remarquant l'éloquente bouée que j'avais autour de la taille. J'ai immédiatement banni les sodas trop riches et je les ai remplacés par des jus de légumes et de fruits. Et quand j'ai pu de nouveau avaler des nourritures solides, j'ai soigneusement choisi des aliments nourrissants, mais qui ne faisaient pas grossir.

L'un des principaux dangers du relâchement, c'est qu'il risque de se prolonger. Vous avez respecté votre régime, perdu jusqu'à cinq kilos et puis, une nuit, vous

1. Sorte de lait de poule.

perdez la boule et vous engloutissez toute une tranche de gâteau au chocolat. Vous vous imaginez que votre régime est terminé, que vous ne contrôlez plus rien. Pour vous le prouver, vous irez même jusqu'à reprendre un morceau de gâteau ou y ajouter un peu de glace, une tartine beurrée, un sucre d'orge et une bière pour arroser le tout. Si vous succombez à un morceau de gâteau, tout le contenu de votre réfrigérateur passera par votre gosier. L'effet de dominos est inévitable.

Non, ce n'est pas vrai.

Un écart n'entraîne pas nécessairement un raz de marée. Il n'y aura escalade que si vous laissez faire. Même si vous vous goinfrez pendant une semaine, cela ne signifie pas nécessairement que vous soyez faible, incompétente ou bonne à rien. Cela ne signifie pas non plus que vous ayez échoué ou que vous ne maigrirez plus. Vous avez eu une défaillance, c'est tout. Alors cessez de penser à ce que vous venez de manger et songez plutôt, de toutes vos forces, à tout ce que vous n'avez pas mangé pendant les semaines et les mois passés. N'était-ce pas formidable ? N'étiez-vous pas maîtresse de la situation ? Vous savez que vous avez la force de reprendre votre régime. Vous avez déjà prouvé que vous pouviez le faire et vous serez capable de le refaire.

Au bout de quelque temps, vous vous apercevrez avec joie que votre fringale a disparu. Si votre transit intestinal s'est accoutumé à un régime stable et raisonnable, il vous jouera probablement des tours si vous le surchargez. C'est ce qui m'est arrivé. L'été dernier, j'ai passé un week-end en croisière, après un empoisonnement du sang. Le bateau de mon ami mouillait tout près du lieu où je me trouvais et, le vendredi matin, nous sommes montés à bord. J'étais tellement épuisée qu'au petit déjeuner j'ai fait un repas copieux pour reprendre des forces. Copieux, il le fut en effet, et suivi d'un déjeuner encore plus consistant. Après le repas de midi, mon ventre se mit à bouillonner. Pauvre petit ventre, il réagissait à la dose inhabituelle de saucisses, de jambon, de beurre, de croissants, d'omelette et de *scones* que je lui avais imposée. J'ai passé le reste de ma croisière à mâcher des médicaments contre les aigreurs d'estomac.

Une fois que vous aurez surmonté ces fringales inévitables, il vous sera plus facile de conserver de saines habitudes alimentaires. Quelle que soit votre corpulence, ne doutez pas de vous. Si vous avez besoin de courage, regardez les photos où je suis énorme, ou celles prises après mes écarts. Cela peut arriver ! Regardez ce que j'étais et ce que je suis aujourd'hui. Si j'ai réussi, vous le pouvez aussi.

La phase de maintien

Vous avez suivi rigoureusement votre régime, vous avez évité les embûches ou vous vous êtes reprise aussitôt et vous avez atteint votre poids idéal. Cela signifie-t-il que vous pouvez vous reposer sur vos lauriers et manger tout ce qui vous plaît ? Malheureusement non. Celle qui, après un régime, reprendra ses anciennes habitudes verra vite sa taille augmenter.

Pendant que vous maigrissez, apprenez à respecter certains schémas d'alimentation et à adopter certaines attitudes pour les garder à vie. La clé de la réussite, c'est de se débarrasser définitivement des kilos superflus, mais on oublie souvent l'importance de la phase de maintien. C'est le régime qui occupe le devant de la scène.

On entend fréquemment : « Je suis au régime », mais avez-vous déjà entendu quelqu'un proclamer : « Je suis dans ma phase de maintien » ? Un régime vous apporte la gratification immédiate d'une perte de poids. Le maintien devient parfois monotone.

Qu'est-ce que le maintien ? C'est, je pense, une

alimentation normale adaptée aux caractéristiques d'un individu. Après les rigueurs d'un régime strict, vous savez quels sont les aliments dangereux. Certes, vous ne pouvez pas passer le reste de votre existence à surveiller de trop près votre alimentation, mais vous pouvez utiliser les acquis de votre régime pour modifier vos habitudes alimentaires. Toute votre vie, vous devriez classer les aliments en groupes simples. Quand je regarde un produit, je pense automatiquement « d'accord », « vas-y doucement » ou « mieux vaut ne pas y toucher ». Il ne s'agit pas de produits à haute teneur calorique, comme les desserts très riches. Faites attention à ne pas transformer les bonnes salades et les légumes en y ajoutant du beurre ou quelque sauce à haute teneur calorique. On reprend de mauvaises habitudes de mille façons insidieuses. C'est terrifiant.

J'ai appris une chose en abordant ma phase de maintien : je devais soit me débarrasser des divers vieux sacs, toiles de tente et bâches que j'utilisais pour dissimuler mon embonpoint, soit les rétrécir. Je sais que je n'achèterais plus de vêtements avec une bande élastique à la taille. C'est dangereux parce que cela vous permet de prendre des kilos, sans vous sentir mal à l'aise. Ne le faites pas. Si vous ne voulez pas reprendre le poids que vous avez perdu, choisissez des robes et des jupes qui vous serrent dès que vous vous permettez trop de fantaisies. C'est le meilleur des garde-fous.

Tous ceux qui ont lutté contre leur embonpoint ne peuvent pas relâcher trop longtemps leur attention. Cela fait presque trois ans que mon poids se maintient au même niveau mais j'ai néanmoins, en plusieurs occasions, dévié de la voie étroite de la minceur, que ce soit parce que j'étais malade ou parce que je m'étais bercée de l'illusion que j'avais réglé tous mes problèmes. Moi ? Je savais parfaitement me nourrir. Après tout, je m'étais merveilleusement maintenue à mon poids idéal. J'ai cru que j'étais invincible et j'ai mangé pour le prouver.

J'ai traversé une minicrise de gloutonnerie, juste avant une apparition en public. Nolan Miller me faisait une robe pour la circonstance, et je savais qu'il faudrait en élargir la taille. Quand on porte du jersey, même quelques tout petits kilos se voient. Je l'ai appelé pour lui dire que j'avais un peu grossi.

« Combien ? me demanda-t-il.

— Oh ! à peu près deux kilos et demi », répondis-je.

Un ange passa.

« Elizabeth, ce sont deux vrais kilos ou deux kilos de théâtre ? »

Nolan sait que je ne mens ni sur mon poids ni sur mon âge, mais on a toujours tendance à minimiser les kilos que l'on a pris. Ne le faites pas. Ne confondez pas deux kilos et cinq kilos. Soyez sur vos gardes, restez en alerte et profitez de la vie, mince, active et en bonne santé.

Un dernier mot

Le régime que vous allez aborder, celui qui m'a permis de perdre tous ces kilos, repose sur des principes nutritionnels sains. Il ne vous promet ni miracles ni raccourcis plus aisés. Faire un régime, c'est régler son alimentation. Si vous tenez vraiment à maigrir de façon durable et en toute sécurité, il vous faudra oublier les régimes fantaisistes où l'on vous permet la glace, le chocolat et même le champagne.

Après *Qui a peur de Virginia Woolf?* nous avons fait, Richard et moi, le *Régime de l'alcoolique*. Ça a marché quelque temps, puis nous avons laissé tomber le régime, et nous nous sommes remis à boire. Il n'y a pas pire traitement pour le foie.

Eviter les fantaisies ne signifie pas que vous deviez mourir de faim ou vous contenter de feuilles de laitue et de raisins secs. Il n'y a aucune raison d'avoir des crampes d'estomac. C'est du moins mon avis. Bien que certains régimes y soient favorables, pourquoi avoir faim ? Vous risquez de reprendre les kilos perdus dès que vous mangerez normalement.

Ne vous laissez pas emporter par votre élan. Le plus drôle, c'est que l'on passe facilement d'un extrême à l'autre, de la boulimie à un régime trop strict, ce qui est dangereux. Si vous ne vous freinez pas, que vous jouez au plus malin, vous risquez de devenir anorexique. Or je ne voudrais pas que quiconque utilise mon régime comme un tremplin vers la maladie. Passez à la phase de maintien quand vous aurez atteint un poids et une minceur raisonnables. Aujourd'hui, trop de femmes se font mourir de faim ou pensent se maintenir au même poids tout en restant boulimiques.

Il y a des années que j'ai entendu parler, pour la première fois, de boulimie. J'étais soignée par un médecin new-yorkais et, dans la salle d'attente, j'avais remarqué une jeune femme qui faisait peine à voir tant elle était maigre. Ce mannequin célèbre, mon médecin me le raconta plus tard, avait eu une histoire tragique. Pour conserver sa fine silhouette, cette femme mangeait, puis elle s'enfonçait un doigt au fond de la gorge. Le plus horrible, c'est qu'elle pratiquait cela depuis si longtemps que son organisme commençait à rejeter automatiquement toute nourriture. Elle n'avait plus à se faire régurgiter, c'était devenu un réflexe. Elle ne pouvait plus rien conserver, même quand elle le désirait. La pauvre fut hospitalisée et mise sous perfusion. Il était trop tard. Elle fit une hémorragie et mourut peu après. Elle avait à peine trente ans.

C'était il y a vingt ans. Aujourd'hui, bien qu'on nous ait fait prendre conscience des dangers d'un régime excessif, les troubles de la nutrition sont de plus en plus répandus, et on nous en présente les victimes comme

« modèles ». A New York, il existe un petit groupe de femmes qui font les gros titres des journaux. On s'extasie sur leur taille de guêpe. Journaux et magazines nous racontent leur aventure, à longueur de colonnes, en nous faisant croire que leur vie est un modèle de panache. Bien entendu, personne ne mentionne qu'elles sont toutes anorexiques ou au bord de l'anorexie. L'une d'entre elles est connue pour sa boulimie. Le directeur d'une petite boutique, gérée au profit d'une œuvre charitable qu'elle parraine, raconte que les vêtements dont elle lui fait don puent le vomi quand ils arrivent dans son magasin. Quel panache !

Bien sûr, ce sont des cas extrêmes, mais ils doivent nous servir d'avertissement. Mon régime est parfaitement raisonnable, le vôtre doit l'être également. Ne l'oubliez pas.

Troisième partie

Le régime sur mesure

Quand arriva la minute de vérité, je me rendis compte que non seulement j'avais besoin de maigrir, mais aussi que j'en avais le désir. J'étais pleine de volonté, mais il me fallait trouver le moyen. J'avais des dizaines de régimes à ma disposition. Mes amis me recommandaient tel ou tel best-seller sur le sujet. J'ai dû tous les lire, y compris quelques-uns qui n'avaient pas crevé le plafond des ventes. Je me suis mise à potasser quelques rudiments de diététique et j'ai consulté médecins et autres autorités en matière d'amaigrissement. Je n'en ai pas pour autant trouvé le régime parfait, la formule magique et unique, qui me ferait maigrir sans que je défaille de faim ou que je sois dans un état de manque quasi permanent. C'était d'ailleurs pour cette raison que je n'avais jamais suivi de régime très longtemps.

J'ai fini par improviser, en écartant tout ce qui me semblait peu pratique, mauvais pour la santé ou simplement ennuyeux, et en rassemblant le reste de façon à obtenir quelque chose qui s'adapte à moi et à mon mode de vie. Mon programme sur mesure a été conçu en fonction de mes besoins et de mes goûts propres. Il n'en est pas moins sain sur le plan nutritionnel. Il devrait se révéler utile pour quiconque souhaite perdre du poids de la seule manière qui soit efficace, lentement et définitivement.

Comme tout candidat au régime, je voulais être mince instantanément. J'ai pourtant appris à me méfier des régimes qui vous promettent des résultats immédiats et sans effort. Je vous conseille de faire de même. Si jamais de tels régimes tiennent leur promesse d'amaigrissement rapide, ils sont en général mauvais pour la santé et vous laissent les traits tirés et vieillie de dix ans. De plus, on sait maintenant que l'on reprend aussi vite les kilos perdus avec trop de hâte. A part le coup de foudre et la loterie, il y a très peu de miracles instantanés dans la vie réelle. L'amaigrissement sain, sûr et durable n'en fait pas partie.

S'il vous a fallu des mois ou des années pour grossir, vous ne pouvez pas espérer retrouver votre silhouette en quelques petites semaines. Soyez réaliste. Et vous ne pouvez pas non plus espérer rester mince sans modifier durablement vos habitudes alimentaires. L'amaigrissement instantané n'est pas la clé de mon régime. Au contraire, son objectif est bien meilleur : il s'agit de rééduquer votre appétit en lui donnant une nourriture bonne et saine, en portions suffisamment petites pour que vous maigrissiez et suffisamment abondantes pour que vous soyez rassasiée.

Ce qui nous amène à la deuxième priorité de mon régime. Pas de privation véritable. Je savais que, pour perdre du poids, il me faudrait suivre un régime pendant des mois. J'en avais la volonté, mais j'étais décidée à ne pas vivre affamée. Je voulais bien faire preuve d'un peu d'abnégation (n'est-ce pas le propre de tout régime ?). Je savais qu'il me faudrait troquer la satisfaction immédiate de manger à mon gré contre la satisfaction plus grande d'être et de me sentir bien. Cela dit, je n'avais nullement l'intention de mourir de faim en permanence. La vie est trop courte pour s'infliger des supplices, même pour la bonne cause. De plus, j'étais convaincue qu'il était possible de maigrir sans subir ce genre de torture.

La suite prouva que j'avais raison. Avec l'aide de Liz

Thornburn, une cuisinière de talent, j'ai mis au point une série de menus à faible teneur en calories et en matières grasses. Je dois quand même reconnaître que, de temps à autre, mes plats préférés me manquaient terriblement, mais je n'ai jamais connu les douleurs d'un estomac vide, car mon régime m'apportait une nourriture délicieuse et substantielle.

Si vous voulez respecter un régime au-delà de quelques jours, il est essentiel que vous ayez une alimentation variée et agréable, à l'œil comme au palais. Franchement, je ne vois pas pourquoi un repas à faible teneur calorique devrait être mal présenté ou peu varié, à moins que les faiseurs de régimes ne soient si absorbés par leurs comptes de calories qu'ils en négligent l'aspect esthétique des choses. Comme disent les Japonais, réjouissez l'œil avant de réjouir l'estomac. Un plat bien présenté a meilleur goût. Les établissements de cure de luxe sont florissants parce qu'ils se soucient autant de la présentation que de l'aspect nutritionnel des repas qu'ils servent. A cet égard, mon régime est vraiment différent du tout-venant des régimes à faire chez soi. Les plats sont préparés de façon créative (mais avec simplicité), pour tirer le meilleur parti de chaque calorie, en termes de goût, de consistance et de nutrition. Ils sont beaux à voir. Dans mon régime, vous consommerez peut-être moins de calories que vous n'en aviez l'habitude, mais vous savourerez chaque bouchée.

Puisque ce régime a d'abord été conçu pour mon usage personnel, il comprend naturellement la plupart de mes plats préférés : crabe farci, poulet aux épices, peaux de pommes de terre croustillantes et parfumées au parmesan et salades de fruits frais, nombreuses et variées. Vous pouvez les agrémenter des fabuleuses sauces à faible teneur calorique de Liz. Vous consommerez également moins de steaks et de steaks hachés que dans un régime ordinaire. J'adore la viande rouge. Malgré le cholestérol qu'elle contient, on peut parfaitement l'intégrer dans un régime sensé, à condition d'en manger avec modération. En fait, mon repas préféré se compose d'un steak haché maigre grillé, sur un toast de pain complet et recouvert d'un peu de beurre de cacahuète ! Le jour où je mange ça, je réduis au minimum ma consommation d'aliments riches en cholestérol.

Un dernier conseil : avant de commencer ce régime ou un autre, consultez un médecin. Je ne pense pas qu'il ou elle fera la moindre objection à mon régime. Il est tout à fait valable sur le plan nutritionnel et votre apport quotidien en calories est parfaitement sain. Il est quand même important de faire un bilan de santé et de demander l'avis de votre médecin avant de commencer un régime amaigrissant, quel qu'il soit.

Les principes de base

Avant d'aborder le régime lui-même, je voudrais vous donner une idée de ce qui est possible et de ce qui ne l'est pas.

Ne cherchez pas un montant de calories global et quotidien. Vous n'en trouverez pas. Non que je considère que les calories ne comptent pas, mais je suis convaincue que, pour maigrir, il faut manger de petites quantités d'aliments pauvres en graisses et très nutritifs, en insistant sur les fruits et les légumes, le poulet et les poissons et crustacés, plutôt que faire des comptes d'apothicaire. Il est trop facile d'être obsédé par les calories, trop tentant de se dire : « Hum, 20 chips égalent 230 calories, et 180 grammes de poulet 310 calories. » Et de se ruer sur les chips. Ce n'est pas un bon moyen de maigrir.

Si vous voulez à tout prix connaître le nombre de calories que vous absorbez en suivant mon régime, cela doit avoisiner les 1 000 calories par jour. Pendant la phase de maintien, leur nombre varie entre 1 200 et 1 500 par jour.

Le petit déjeuner : celui-ci comprend toujours un fruit, une tranche de pain complet grillé (sans beurre) et, à votre convenance, du thé ou du café. Je n'insisterai pas pour que vous preniez votre boisson du matin sans lait. Ajoutez un peu de lait écrémé si vous voulez (cela vous apportera un peu plus de calcium et très peu de calories supplémentaires). A vous de décider si vous avez besoin d'un édulcorant artificiel, ce qui est mon cas.

Pour varier les plaisirs, je prends un fruit différent chaque matin. Si le « fruit du jour » n'est pas un fruit de saison, que vous y êtes allergique ou que vous ne l'aimez pas, très bien. Le régime marchera aussi bien si vous prenez une orange, une tranche de melon ou un pamplemousse tous les matins.

Le déjeuner : les jours où je m'accorde un steak ou un steak haché grillé mis à part, ce repas comprend presque toujours une salade composée de légumes, de fruits, de poulet, de fruits de mer ou autres protéines. Ce qui fait toute l'originalité de ces salades, c'est le goût étonnant des sauces à faible teneur calorique. Qu'il s'agisse d'une vinaigrette à la crème, de la sauce au bleu ou de la mayonnaise spéciale de Liz Thornburn (recette page 225), elles ont toutes un goût nettement plus agréable que le bon vieux citron pressé, de rigueur dans la plupart des régimes. Bien entendu, si vous préférez le jus de citron, allez-y, pressez-le ! Quand vous n'êtes pas chez vous à l'heure du déjeuner, n'oubliez pas qu'il est facile de préparer ce repas-salade avant de partir et de l'emporter dans un récipient en plastique. Mettez la sauce dans un récipient, les légumes dans un autre et tournez juste avant de vous mettre à table, pour que votre salade conserve sa fraîcheur.

Quand j'ai des essayages du matin au soir ou plusieurs interviews d'affilée, il me semble plus pratique d'emporter un repas que je puisse boire. Ceci est particulièrement vrai quand je tourne un film et que je ne veux prendre ni le temps ni la peine de refaire mon maquillage après avoir mangé. Dans ces moments-là, le vieil entraînement que j'ai acquis à Hollywood m'est d'une grande utilité. A cette époque-là, mes costumes étaient si serrés ou si coûteux que je ne pouvais pas manger normalement. Je m'adossais à un plan incliné et je me nourrissais avec une paille. Pour toutes celles qui le souhaiteraient, j'ai également prévu cette éventualité et je leur propose un cocktail à la poudre de protéines, qu'elles pourront réaliser en suivant les instructions de la boîte ou qu'elles pourront transformer en un fabuleux « lait malté » à faible teneur calorique en suivant la recette de la page 208. Cela va sans dire, les déjeuners liquides aux protéines peuvent également se préparer à l'avance et se conserver dans une bouteille Thermos. Et si votre maquillage n'est pas un sujet de préoccupation, vous pouvez y ajouter quelques légumes crus et quelques biscuits à faible teneur calorique, pour avoir quelque chose de plus croustillant.

Un en-cas pour l'après-midi : j'ai déjà dit que j'avais rarement faim avec ce régime mais, si la faim me tenaille, c'est entre le déjeuner et le dîner. Un petit en-cas peut vous sauver. Ce que je préfère, parce que je peux en manger tant et plus et me sentir tout aussi vertueuse, c'est une grande assiette de crudités, accompagnées d'une vinaigrette ou d'une sauce conçue par Liz.

Le dîner : ce repas comprend toujours du poisson, des coquillages, du poulet ou, plus rarement, de la viande rouge, accompagnée de légumes verts, jaunes ou rouges. Je m'accorde aussi quelques féculents, une centaine de grammes de riz par exemple ou quelques pommes de terre nouvelles. Croyez-moi, ces repas sont, dans l'ensemble, assez élégants pour que vous puissiez recevoir. Vos invités ne soupçonneront même pas qu'il s'agit d'une cuisine diététique. Vous trouverez les recettes et les conseils pour les sauces et les accompagnements à la page 220.

A vous de décider si vous souhaitez ou non vous donner du mal pour préparer un repas. Quand vous hésitez, que vous êtes pressée ou simplement trop fatiguée pour faire un dîner compliqué, faites-vous griller du poisson, du poulet ou de la viande. Faites cuire les légumes à la vapeur ou servez-les crus. Avec ou sans sauce, votre alimentation est la même et la différence, en termes de calories, est négligeable. De toute façon, vous maigrirez, ce qui est, bien entendu, le but de ce régime.

Les possibilités de substitution : tout comme il n'est pas nécessaire de suivre à la lettre les recettes de mon régime, vous pouvez remplacer certains produits par d'autres de même valeur calorique et nutritive, à condition de n'ajouter ni beurre, ni huile, ni autres calories. Par exemple, nous savons tous qu'un steak n'a aucune propriété diététique magique. Un steak haché maigre fera aussi bien l'affaire. Les crevettes, le crabe et le homard sont délicieux et pauvres en calories, mais n'importe quel poisson sans huile fera l'affaire, même du thon en boîte, à condition qu'il soit au naturel. Vous pouvez remplacer la dinde par du poulet, et l'endive par n'importe quel légume exotique ou par de la banale laitue. Je ne vous incite pas à pratiquer tous ces changements (j'apprécie mon régime tel qu'il est), mais je reconnais que, pour des raisons économiques, ils sont parfois nécessaires. Ne vous inquiétez donc pas si vous avez fini par remplacer les asperges par des haricots verts cuits à la vapeur et la papaye par le cantaloup.

Lorsque vous substituez un poisson, une viande ou un légume à celui qui est indiqué dans le régime, n'oubliez cependant pas que la recette correspondante (s'il y en a une) ne s'applique plus. Comment cuisiner le produit que vous avez choisi ? Faites confiance aux techniques éprouvées. Faites griller, bouillir ou cuire à la vapeur. Il n'y a, d'autre part, aucun inconvénient à servir des crudités.

Les boissons : dans ce régime, comme dans tout autre, il est important de boire énormément, tout au long de la journée. Je vous conseille de boire six à huit verres par jour. Les liquides améliorent le transit dans l'organisme, hydratent les cellules, atténuent la faim en emplissant partiellement l'estomac et vous donnent un peu de cette satisfaction orale qui vous manquera peut-être au cours de votre régime.

L'eau du robinet suffira, bien qu'elle soit plus agréable et plus rafraîchissante avec quelques glaçons.

En ce qui me concerne, je bois des litres (c'est du moins l'impression que j'ai) de glace fondue ou de thé chaud, auquel j'ajoute un tout petit peu d'édulcorant artificiel. Dans la journée, quand je suis sur la brèche, je bois du thé ordinaire, qui contient de la théine. Le soir, je passe au décaféiné ou à la tisane.

Au déjeuner, l'après-midi, dans les cocktails — et même avant —, bref dans toutes les circonstances où l'alcool coule à flots, je bois de grands verres d'eau gazeuse, garnis d'une fraise ou d'une rondelle de citron ou de citron vert, ou légèrement colorée du joli rose pâle que lui donne une goutte de sirop de canneberge sans sucre.

Si vous buvez toute la journée, le jus de fruits n'est pas une bonne solution de rechange, car il est très riche en calories. Puisque le café entraîne une certaine déshydratation, mieux vaut n'en boire qu'une ou deux tasses par jour, et ne pas en faire votre boisson de base.

Je ne vois pas non plus d'un bon œil l'absorption de quantités illimitées de boissons diététiques non sucrées. Si vous êtes une droguée des sodas de régime, parlez-en à votre médecin et suivez ses conseils.

Bien que les menus qui suivent ne prévoient que du thé ou du café pour accompagner les repas, d'autres boissons n'en sont pas moins importantes. Eau du robinet, eau minérale, thé léger, choisissez ce que vous voudrez, mais buvez six à huit verres par jour. Cela dit, la meilleure des boissons, c'est l'eau.

Vitamines et compléments minéraux : je prends quotidiennement une préparation multivitaminée et un complément de calcium. Je ne vous ferai aucune recommandation en matière de vitamines et de sels minéraux. Cependant, le calcium me semble important. La plupart des femmes n'en consomment pas assez, surtout quand elles sont au régime. C'est pourquoi j'ai ajouté du calcium aux menus de cet ouvrage. Comme pour tout ce qui a trait à la santé, consultez votre médecin si vous ne savez pas quoi faire.

Une dernière suggestion : si vous êtes comme moi, votre amaigrissement dépendra autant de la *manière* que du *contenu*. Vous avez maintenant une idée du contenu, je vais donc vous parler un peu de mes méthodes.

Premier point important : je mange lentement. Bien sûr, il arrive que l'on soit pressé, mais les jours où je dois me contenter d'un cocktail de protéines pour déjeuner, j'ai l'impression d'avoir été flouée. Je n'ai pas nécessairement faim, mais j'ai été privée d'un moment qui peut et doit être agréable, même si je suis au régime. Il est tellement plus satisfaisant, sur le plan tant physique que psychologique, de s'asseoir, détendue, et de prendre son temps.

Plus il me faut de temps pour manger, plus j'ai l'impression d'être nourrie. Pour prolonger mes repas, je passe un certain temps, avant de commencer, à admirer ce qui est dans mon assiette. Puis je fais l'effort conscient de savourer chaque bouchée. Quand je déjeune avec d'autres personnes, je m'efforce de terminer la dernière, jamais la première. Quand je suis seule, je préfère concentrer toute mon attention sur mon repas, plutôt que de me consacrer à d'autres activités — regarder la télévision ou téléphoner

—, qui m'empêcheraient d'en profiter pleinement. J'essaie même de me vider l'esprit de tout programme, projet ou problème. Ayant pleinement profité de chaque bouchée, je suis comblée, même si je n'ai mangé que de petites portions.

Un programme de deux semaines

Les menus qui suivent constituent deux semaines complètes du régime Taylor. Il n'y a pas deux jours semblables, bien que les mêmes plats réapparaissent de temps à autre. Commencez, bien entendu, par le premier jour, puis le deuxième, le troisième, le quatrième, jusqu'à ce que vous arriviez au bout du programme. Revenez ensuite au premier jour, à moins que vous n'ayez atteint votre poids idéal.

Combien de fois devrez-vous reprendre ce régime de deux semaines pour atteindre votre objectif? J'aimerais bien connaître la réponse à cette question. Cela dépend du nombre de kilos que vous devez/voulez perdre, de votre métabolisme (le rythme auquel votre organisme brûle les calories, les utilisant comme combustible) et de votre activité physique (plus vous ferez d'exercice, plus vous brûlerez de calories).

N'oubliez pas que je ne vous ai jamais promis de résultats instantanés. L'impatience ne sert à rien. Cessez de penser à ces plats tout préparés que vous adorez et qui vous sont interdits. Faites un régime ou ne le faites pas. Au lieu de vous focaliser sur sa durée, pourquoi ne pas profiter de chaque semaine qui passe? Félicitez-vous chaque fois que vous avez tenu le coup vingt-quatre heures. Les jours passent vite et votre balance, vos vêtements, votre silhouette et votre moral seront là pour témoigner des merveilleux résultats que vous aurez obtenus. Je suis passée par là, je peux vous en parler.

Premier jour de régime

Petit déjeuner

Fraises en tranches,
1 coupe (ou 1 coupe de n'importe quel fruit frais,
excepté la banane)
1 tranche de pain grillé, sans beurre
Thé ou café, avec un nuage de lait écrémé et un édulcorant artificiel,
si vous le désirez
N'OUBLIEZ PAS le complément de calcium

Déjeuner

Aile de poulet grillée, sans peau, 180 g
Salade de fonds d'artichaut *
Thé ou café, avec un nuage de lait écrémé et un édulcorant artificiel,
si vous le désirez
OU
Un cocktail de protéines *

En-cas

Crudités (vous pouvez prendre n'importe quel légume vert, jaune
ou rouge, cru, et en manger à volonté)
avec une sauce d'accompagnement *,
2 cuillerées à soupe (sélectionnez l'une de nos recettes originales)

Dîner

Filets de turbot grillés *, 180 à 240 g
Légumes cuits à la vapeur *

A n'importe quelle heure de la journée

1/2 tasse de lait écrémé
(utilisez-le pour adoucir le thé ou le café, ou buvez-le tel quel)

* Les astérisques accolés aux différents plats vous indiquent qu'il existe une recette correspondante répertoriée à partir de la page 207 de cet ouvrage.

Deuxième jour de régime

Petit déjeuner

1 pêche, de belle taille, coupée en tranches
(ou 1 coupe de n'importe quel fruit frais, excepté la banane)
1 tranche de pain complet grillé, sans beurre
Thé ou café, avec un nuage de lait écrémé et un édulcorant artificiel, si vous le désirez
N'OUBLIEZ PAS le complément de calcium

Déjeuner

Salade de myrtilles, 1/2 coupe, 1/2 cantaloup,
1/2 orange coupée en tranches et
Fromage blanc 0 % de matière grasse, 60 g,
avec une cuillerée à café de crème aigre
Thé ou café, avec un nuage de lait écrémé et un édulcorant artificiel, si vous le désirez
OU
Un cocktail de protéines *

En-cas

Crudités (vous pouvez prendre n'importe quel légume vert, jaune ou rouge, cru, et en manger à volonté)
avec une sauce d'accompagnement *,
2 cuillerées à soupe (sélectionnez l'une de nos recettes originales)

Dîner

Steak ou steak haché maigre grillé, 180 à 240 g
1 tranche de pain complet grillé
recouvert d'une demi-cuillerée à dessert de beurre de cacahuète
Salade de tomates *

A n'importe quelle heure de la journée

1/2 tasse de lait écrémé
(utilisez-le pour adoucir le thé ou le café, ou buvez-le tel quel)

Troisième jour de régime

Petit déjeuner

Ananas frais en morceaux,
1 coupe (ou 1 coupe de n'importe quel fruit frais, excepté la banane)
1 tranche de pain complet grillé, sans beurre
Thé ou café, avec un nuage de lait écrémé et un édulcorant artificiel, si vous le désirez
N'OUBLIEZ PAS le complément de calcium

Déjeuner

Salade du chef composée de rôti de bœuf maigre, 30 g; de blanc de poulet, 30 g; de mozzarella 0 % de matière grasse, 30 g; de 1 tomate coupée en rondelles; de quelques feuilles de laitue et Sauce*, 2 cuillerées à soupe (sélectionnez l'une de nos recettes originales)
Thé ou café, avec un nuage de lait écrémé et un édulcorant artificiel, si vous le désirez
OU
Un cocktail de protéines*

En-cas

Crudités (vous pouvez prendre n'importe quel légume vert, jaune ou rouge, cru, et en manger à volonté)
avec une sauce d'accompagnement*,
2 cuillerées à soupe (sélectionnez l'une de nos recettes originales)

Dîner

Crevettes grillées, 180 à 240 g
Ratatouille*
Pommes de terre nouvelles à la menthe*

A n'importe quelle heure de la journée

1/2 tasse de lait écrémé
(utilisez-le pour adoucir votre thé ou votre café, ou buvez-le tel quel)

Quatrième jour de régime

Petit déjeuner

1/2 pamplemousse de taille moyenne
(ou 1 coupe de n'importe quel fruit frais, excepté la banane)
1 tranche de pain complet grillé, sans beurre
Thé ou café, avec un nuage de lait écrémé et un édulcorant artificiel, si vous le désirez
N'OUBLIEZ PAS le complément de calcium

Déjeuner

Salade d'épinards crus, 50 à 100 g, œufs durs, 2 ;
1 tomate coupée en rondelles ; 5/6 champignons coupés en tranches et sauce*, 2 cuillerées à soupe
(sélectionnez l'une de nos recettes originales)
Thé ou café, avec un nuage de lait écrémé et un édulcorant artificiel, si vous le désirez
OU
Un cocktail de protéines*

En-cas

Crudités (vous pouvez prendre n'importe quel légume vert, jaune ou rouge, cru, et en manger à volonté)
avec une sauce d'accompagnement*,
2 cuillerées à soupe (sélectionnez l'une de nos recettes originales)

Dîner

Poulet aux épices*, 180 g
Haricots verts cuits à la vapeur, 100 g,
Peaux de pommes de terre cuites au four*

A n'importe quelle heure de la journée

1/2 tasse de lait écrémé
(utilisez-le pour adoucir votre thé ou votre café, ou buvez-le tel quel)

Cinquième jour de régime

Petit déjeuner

3 abricots mûrs de taille moyenne
(ou 1 coupe de n'importe quel fruit frais, excepté la banane)
1 tranche de pain complet grillé, sans beurre
Thé ou café, avec un nuage de lait écrémé et un édulcorant artificiel, si vous le désirez
N'OUBLIEZ PAS le complément de calcium

Déjeuner

Salade de thon *
Thé ou café, avec un nuage de lait écrémé et un édulcorant artificiel, si vous le désirez
OU
Un cocktail de protéines *

En-cas

Crudités (vous pouvez prendre n'importe quel légume vert, jaune ou rouge, cru, et en manger à volonté)
avec une sauce d'accompagnement *,
2 cuillerées à soupe (sélectionnez l'une de nos recettes originales)

Dîner

Aile de dinde rôtie *, 180 à 240 g, accompagnée d'une Farce *
Purée de courgettes *
Riz brun, 50 g

A n'importe quelle heure de la journée

1/2 tasse de lait écrémé
(utilisez-le pour adoucir votre thé ou votre café, ou buvez-le tel quel)

Sixième jour de régime

Petit déjeuner

1/2 melon, de taille moyenne
(ou 1 coupe de n'importe quel fruit frais, excepté la banane)
1 tranche de pain complet grillé, sans beurre
Thé ou café, avec un nuage de lait écrémé et un édulcorant artificiel, si vous le désirez
N'OUBLIEZ PAS le complément de calcium

Déjeuner

Salade de fraises coupées en tranches, 1 coupe,
1 pomme de taille moyenne, coupée en morceaux,
1 petite orange coupée en rondelles et
Fromage blanc 0 % de matière grasse, 50 g,
avec une cuillerée à soupe de crème aigre
Thé ou café, avec un nuage de lait écrémé et un édulcorant artificiel, si vous le désirez
OU
Un cocktail de protéines *

En-cas

Crudités (vous pouvez prendre n'importe quel légume vert, jaune ou rouge, cru, et en manger à volonté)
avec une sauce d'accompagnement *,
2 cuillerées à soupe (sélectionnez l'une de nos recettes originales)

Dîner

Escalope de veau grillée, 180 g
assaisonnée d'un jus de citron et d'un assortiment d'herbes fraîches
Purée d'épinards dans sa coquille de tomate *
Peaux de pommes de terre cuites au four *

A n'importe quelle heure de la journée

1/2 tasse de lait écrémé
(utilisez-le pour adoucir votre thé ou votre café ou buvez-le tel quel)

Septième jour de régime

Petit déjeuner

Fraises coupées en tranches,
1 coupe (ou 1 coupe de n'importe quel fruit frais, excepté la banane)
1 tranche de pain complet grillé, sans beurre
Thé ou café, avec un nuage de lait écrémé et un édulcorant artificiel,
si vous le désirez
N'OUBLIEZ PAS le complément de calcium

Déjeuner

Poulet au curry en salade *
Thé ou café, avec un nuage de lait écrémé et un édulcorant artificiel,
si vous le désirez
OU
Un cocktail de protéines *

En-cas

Crudités (vous pouvez prendre n'importe quel légume vert, jaune
ou rouge, cru, et en manger à volonté)
avec une sauce d'accompagnement *,
2 cuillerées à soupe (sélectionnez l'une de nos recettes originales)

Dîner

Filets de sole grillés, 180 à 240 g
Asperges cuites à la vapeur, 6 à 8
Pommes de terre nouvelles à la menthe *

A n'importe quelle heure de la journée

1/2 tasse de lait écrémé
(utilisez-le pour adoucir votre thé ou votre café, ou buvez-le tel quel)

Huitième jour de régime

Petit déjeuner

2 clémentines
(ou 1 coupe de n'importe quel fruit frais, excepté la banane)
1 tranche de pain complet grillé, sans beurre
Thé ou café, avec un nuage de lait écrémé et un édulcorant artificiel, si vous le désirez
N'OUBLIEZ PAS le complément de calcium

Déjeuner

Steak haché maigre, 180 g, accompagné de
1 tranche de pain complet grillé,
recouverte d'une cuillerée à soupe de beurre de cacahuète
Salade de tomates*
Thé ou café, avec un nuage de lait écrémé et un édulcorant artificiel, si vous le désirez
OU
Un cocktail de protéines*

En-Cas

Crudités (vous pouvez prendre n'importe quel légume vert, jaune ou rouge, cru, et en manger à volonté)
avec une sauce d'accompagnement*,
2 cuillerées à soupe (sélectionnez l'une de nos recettes originales)

Dîner

Homard cuit à la vapeur*,
ou n'importe quel poisson cuit à la vapeur, 180 à 240 g,
avec Mayonnaise spéciale de Liz*, 2 cuillerées à soupe
Haricots verts cuits à la vapeur, 100 g
Riz brun, 50 g

A n'importe quelle heure de la journée

1/2 tasse de lait écrémé
(utilisez-le pour adoucir votre thé ou votre café, ou buvez-le tel quel)

Neuvième jour de régime

Petit déjeuner

2 petits kiwis
(ou 1 coupe de n'importe quel fruit frais, excepté la banane)
1 tranche de pain complet grillé, sans beurre
Thé ou café, avec un nuage de lait écrémé et un édulcorant artificiel, si vous le désirez
N'OUBLIEZ PAS le complément de calcium

Déjeuner

2 fines tranches de fromage, 60 g (mozzarella 0 % de matière grasse, cheddar, emmenthal, etc.,
vous pouvez éventuellement faire un assortiment)
et 4 crackers soufflés à la farine complète
(enveloppez le fromage et les crackers d'une feuille de laitue pour réaliser un sandwich Liz Taylor !)
1 cornichon (mariné à l'aneth) et 4/5 tomates cerises
Thé ou café, avec un nuage de lait écrémé et un édulcorant artificiel, si vous le désirez
OU
Un cocktail de protéines *

En-cas

Crudités (vous pouvez prendre n'importe quel légume vert, jaune ou rouge, cru, et en manger à volonté)
avec une sauce d'accompagnement *,
2 cuillerées à soupe (sélectionnez l'une de nos recettes originales)

Dîner

Dorade marinée et grillée *
Ratatouille *
Peaux de pommes de terre cuites au four *

A n'importe quelle heure de la journée

1/2 tasse de lait écrémé
(utilisez-le pour adoucir votre thé ou votre café, ou buvez-le tel quel)

Dixième jour de régime

Petit déjeuner

Fruits de la passion dans leur peau, 120 g
(ou 1 coupe de n'importe quel fruit frais, excepté la banane)
1 tranche de pain complet grillé, sans beurre
Thé ou café, avec un nuage de lait écrémé et un édulcorant artificiel, si vous le désirez
N'OUBLIEZ PAS le complément de calcium

Déjeuner

Crabe farci froid *
Thé ou café, avec un nuage de lait écrémé et un édulcorant artificiel, si vous le désirez
OU
Un cocktail de protéines *

En-cas

Crudités (vous pouvez prendre n'importe quel légume vert, jaune ou rouge, cru, et en manger à volonté)
avec une sauce d'accompagnement *,
2 cuillerées à soupe (sélectionnez l'une de nos recettes originales)

Dîner

Côtes d'agneau grillées à la sauce raïta *
Purée de courgettes *
Riz brun, 50 g

A n'importe quelle heure de la journée

1/2 tasse de lait écrémé
(utilisez-le pour adoucir votre thé ou votre café, ou buvez-le tel quel)

Onzième jour de régime

Petit déjeuner

1 orange de taille moyenne
(ou 1 coupe de n'importe quel fruit frais, excepté la banane)
1 tranche de pain complet grillé, sans beurre
Thé ou café, avec un nuage de lait écrémé et un édulcorant artificiel, si vous le désirez
N'OUBLIEZ PAS le complément de calcium

Déjeuner

Salade composée de 1 pêche de taille moyenne, coupée en tranches ; de fraises coupées en tranches, 150 g ; de 1 pomme de taille moyenne, coupée en morceaux ; accompagnée de fromage blanc 0 % de matière grasse, 100 g, avec une cuillerée à soupe de crème aigre
Thé ou café, avec un nuage de lait écrémé et un édulcorant artificiel, si vous le désirez
OU
Un cocktail de protéines *

En-cas

Crudités (vous pouvez prendre n'importe quel légume vert, jaune ou rouge, cru, et en manger à volonté)
avec une sauce d'accompagnement *,
2 cuillerées à soupe (sélectionnez l'une de nos recettes originales)

Dîner

Turbot mariné et grillé *, 180 à 240 g
Brocoli et chou-fleur cuits à la vapeur, 50 g de chaque légume
Pommes de terre nouvelles à la menthe *

A n'importe quelle heure de la journée

1/2 tasse de lait écrémé
(utilisez-le pour adoucir votre thé ou votre café, ou buvez-le tel quel)

Douzième jour de régime

Petit déjeuner

1/2 papaye de taille moyenne
(ou 1 coupe de n'importe quel fruit frais, excepté la banane)
1 tranche de pain complet grillé, sans beurre
Thé ou café, avec un nuage de lait écrémé et un édulcorant artificiel, si vous le désirez
N'OUBLIEZ PAS pas le complément de calcium

Déjeuner

Salade de thon*
1 cornichon doux (mariné à l'aneth) ; 4/5 tomates cerises
Thé ou café, avec un nuage de lait écrémé et un édulcorant artificiel, si vous le désirez
OU
Un cocktail de protéines*

En-cas

Crudités (vous pouvez prendre n'importe quel légume vert, jaune ou rouge, cru, et en manger à volonté)
avec une sauce d'accompagnement*,
2 cuillerées à soupe (sélectionnez l'une de nos recettes originales)

Dîner

1/2 pigeonneau ou poulet grillé au barbecue*, 180 g
Légumes en papillote grillés au barbecue*
Peaux de pommes de terre cuites au four*

A n'importe quelle heure de la journée

1/2 tasse de lait écrémé
(utilisez-le pour adoucir votre thé ou votre café, ou buvez-le tel quel)

Treizième jour de régime

Petit déjeuner

1 nectarine de taille moyenne
(ou 1 coupe de n'importe quel fruit frais, excepté la banane)
1 tranche de pain complet grillé, sans beurre
Thé ou café, avec un nuage de lait écrémé et un édulcorant artificiel, si vous le désirez
N'OUBLIEZ PAS le complément de calcium

Déjeuner

Steak haché maigre, 180 g, servi avec
1 tranche de pain complet grillé,
recouvert d'une 1/2 cuillerée à soupe de beurre de cacahuète
Salade de tomates *
Thé ou café, avec un nuage de lait écrémé et un édulcorant artificiel, si vous le désirez
OU
Un cocktail de protéines *

En-cas

Crudités (vous pouvez prendre n'importe quel légume vert, jaune ou rouge, cru, et en manger à volonté)
avec une sauce d'accompagnement *,
2 cuillerées à soupe (sélectionnez l'une de nos recettes originales)

Dîner

Filets de sole grillés, 180 à 240 g
Pois gourmands cuits à la vapeur et châtaignes d'eau *
Riz brun, 50 g

A n'importe quelle heure de la journée

1/2 tasse de lait écrémé
(utilisez-le pour adoucir votre thé ou votre café ou buvez-le tel quel)

Quatorzième jour de régime

Petit déjeuner

Pastèque, 2 tranches de 5 centimètres d'épaisseur
(ou 1 coupe de n'importe quel fruit frais, excepté la banane)
1 tranche de pain complet grillé, sans beurre
Thé ou café avec un nuage de lait écrémé et un édulcorant artificiel, si vous le désirez
N'OUBLIEZ PAS le complément de calcium

Déjeuner

Salade d'œufs au curry*
Thé ou café, avec un nuage de lait écrémé et un édulcorant artificiel, si vous le désirez
OU
Un cocktail de protéines*

En-cas

Crudités (vous pouvez prendre n'importe quel légume vert, jaune ou rouge, cru, et en manger à volonté)
avec une sauce d'accompagnement*,
2 cuillerées à soupe (sélectionnez l'une de nos recettes originales)

Dîner

Aile de dinde rôtie*, 180 à 240 g, accompagnée d'une Farce*
Tomate grillée
Peaux de pommes de terre cuites au four*

A n'importe quelle heure de la journée

1/2 tasse de lait écrémé
(utilisez-le pour adoucir votre thé ou votre café, ou buvez-le tel quel)

La phase de maintien

Il y a cinq ans, je suis passée de quatre-vingt-deux kilos à cinquante-cinq kilos. Vous imaginez ma joie. J'étais mince, certes, mais le bonheur d'avoir réussi fut tempéré par l'incertitude. Beaucoup de gens maigrissent, mais seul un faible pourcentage reste mince, ce qui est assez déprimant. Je me demandais si j'aurais assez de discipline pour maîtriser la situation, pour qu'un ou deux kilos de trop ne se transforment pas en montagne de graisse.

Jusque-là, je n'ai eu aucun problème. Après avoir mangé modérément pendant des mois, je semblais avoir perdu la plupart de mes mauvaises habitudes en la matière. Ce régime alimentaire plus nutritif et plus raisonnable était devenu une seconde nature.

Pour paraphraser tous les médecins que j'ai consultés et tous les livres de diététique que j'ai lus, un régime peut vous permettre de gagner une bataille, mais la guerre n'est pas terminée, tant que vous n'avez pas rééduqué votre appétit. En mangeant des portions réduites d'une nourriture pauvre en matières grasses, j'avais apparemment obtenu un résultat : j'avais rééduqué mon appétit.

Oh, j'adore toujours le chocolat, le poulet frit et la purée de pommes de terre, mais je peux m'en passer et je ne m'en *nourris* pas. Pourquoi le ferais-je puisque j'ai pris goût à d'autres nourritures meilleures pour la santé ?

Lorsque vous passerez aux menus de la phase de maintien, vous constaterez que mon alimentation actuelle ne diffère que peu, tant en nature qu'en quantité, de mon alimentation de régime. La grande différence, c'est que les petits déjeuners comprennent des céréales ou un petit pain au son, du fromage ou un peu de beurre. Les déjeuners de la phase de maintien sont à peu près semblables à ceux du régime. Quant aux dîners, ils ne sont guère différents de ceux qui m'ont fait maigrir, mais les portions de viande sont un peu plus substantielles. De plus, ils comprennent un dessert à faible teneur calorique absolument sensationnel.

Les menus qui suivent devraient vous permettre de prendre un bon départ. Ensuite, vous improviserez votre propre programme de maintien, en vous servant de ces menus comme lignes directrices. Que vos portions réduites comprennent une grande variété de produits, beaucoup de volailles, de poissons et de crustacés grillés, de légumes crus ou cuits à la vapeur et de fruits.

Vous pouvez consommer des féculents et des pâtes, mais avec modération. Utilisez toujours des céréales et des pains complets. Si votre programme de maintien personnel vous fait grossir, réduisez toutes les portions, mais n'éliminez aucun groupe d'aliments (excepté les desserts riches en calories, dont on peut toujours se passer).

Vous ne me croirez pas tant que vous n'aurez pas commencé, mais la phase de maintien n'est pas une épreuve.

Après des semaines ou des mois de régime, votre corps — comme le mien — sera adapté à un mode d'alimentation différent et plus léger, grâce auquel vous vous sentirez plus énergique, plus à même de relever les défis et d'accepter les joies que la vie vous réserve.

L'astérisque accolé à certains plats vous indique, notez-le, que la recette correspondante est répertoriée à partir de la page 207 de cet ouvrage.

Premier jour de maintien

Petit déjeuner

Céréales sans sucre et sans lait
(ou mon mélange préféré : 15 g de *Spécial K*[1] et 15 g de All-Bran)
1/2 pamplemousse de taille moyenne ou 1/2 verre de jus d'orange
Thé ou café, avec un nuage de lait écrémé et un édulcorant artificiel, si vous le désirez
N'OUBLIEZ PAS le complément de calcium

Déjeuner

Fromage, 60 g, en fines tranches (mozzarella 0 % de matière grasse, cheddar, emmenthal ; (vous pouvez éventuellement faire un assortiment)
4 crackers soufflés à la farine complète
(enrobez le fromage et le cracker dans une feuille de laitue pour réaliser un sandwich Liz Taylor !)
1 cornichon doux (mariné à l'aneth) ; 4/5 tomates cerises
Thé ou café, avec un nuage de lait écrémé et un édulcorant artificiel, si vous le désirez
OU
Un cocktail de protéines*

En-cas

Crudités (vous pouvez prendre n'importe quel légume vert, jaune ou rouge, cru, et en manger à volonté)
avec une sauce d'accompagnement*,
2 cuillerées à soupe (sélectionnez l'une de nos recettes originales)

Dîner

Côtes d'agneau à la sauce raïta*
Salade de champignons et d'épinards accompagnée d'une sauce*, celle que vous désirez, 2 cuillerées à soupe (sélectionnez l'une de nos recettes originales)
Pommes de terre cuites au four avec une cuillerée à soupe de crème aigre
Pêche pochée cuite au four au coulis de framboise*

A n'importe quelle heure de la journée

1/2 tasse de lait écrémé
(utilisez-le pour adoucir votre thé ou votre café, ou buvez-le tel quel)

1. Il s'agit d'un mélange à base de céréales, que vous trouverez dans les magasins diététiques et dans certains supermarchés.

Deuxième jour de maintien

Petit déjeuner

1 petit pain au son de taille moyenne,
avec deux cuillerées à café de fromage blanc 0 % de matière grasse.
1/2 pamplemousse de taille moyenne ou 1/2 verre de jus d'orange
Thé ou café, avec un nuage de lait écrémé
et un édulcorant artificiel, si vous le désirez
N'OUBLIEZ PAS le complément en calcium

Déjeuner

6 gambas grillées accompagnées de la mayonnaise spéciale de Liz *
3/4 crackers soufflés à la farine complète
Thé ou café, avec un nuage de lait écrémé
et un édulcorant artificiel, si vous le désirez
OU
Un cocktail de protéines *

En-cas

Crudités (vous pouvez prendre n'importe quel légume vert, jaune ou rouge, cru, et en manger à volonté)
avec une sauce d'accompagnement *,
2 cuillerées à soupe (sélectionnez l'une de nos recettes originales)

Dîner

Pâtes, 50 à 100 g avec sauce tomate *
Salade composée et sauce au roquefort *, 2 cuillerées à soupe
Tarte aux pommes *

A n'importe quelle heure de la journée

1/2 tasse de lait écrémé
(utilisez-le pour adoucir votre thé ou votre café, ou buvez-le tel quel)

Troisième jour de maintien

Petit déjeuner

1 pêche de belle taille
(ou 1 coupe de n'importe quel fruit frais, excepté la banane)
1 tranche de pain complet grillé, avec une cuillerée à café de beurre
Thé ou café, avec un nuage de lait écrémé
et un édulcorant artificiel, si vous le désirez
N'OUBLIEZ PAS le complément de calcium

Déjeuner

Salade du chef composée de : rôti de bœuf maigre, 30 g ;
blanc de poulet, 30 g ; mozzarella 0 % de matière grasse, 30 g ;
1 tomate découpée en rondelles,
quelques feuilles de laitue et
Sauce au raifort *, 2 cuillerées à soupe
1 tranche de pain complet grillé, sans beurre
Thé ou café, avec un nuage de lait écrémé
et un édulcorant artificiel, si vous le désirez
OU
Un cocktail de protéines *

En-cas

Crudités (vous pouvez prendre n'importe quel légume vert, jaune
ou rouge, cru, et en manger à volonté)
avec une sauce d'accompagnement *,
2 cuillerées à soupe (sélectionnez l'une de nos recettes originales)

Dîner

Saumon grillé, 180 à 240 g
Brocoli et chou-fleur cuits à la vapeur, 50 g de chaque légume
Peaux de pommes de terre cuites au four *
Soufflé à l'orange *

A n'importe quelle heure de la journée

1/2 tasse de lait écrémé
(utilisez-le pour adoucir votre thé ou votre café, ou buvez-le tel quel)

Quatrième jour de maintien

Petit déjeuner

Céréales sans sucre et sans lait,
30 g (ou mon mélange préféré : 15 g de *Spécial K* et 15 g de All-Bran)
1/2 pamplemousse de taille moyenne ou 1/2 verre de jus d'orange
Thé ou café, avec un nuage de lait écrémé
et un édulcorant artificiel, si vous le désirez
N'OUBLIEZ PAS le complément de calcium

Déjeuner

2 œufs brouillés
avec 3 tranches de bacon bien croustillantes
et 1 petit pain grillé
1 tomate grillée de taille moyenne
Thé ou café, avec un nuage de lait écrémé
et un édulcorant artificiel, si vous le désirez
OU
Un cocktail de protéines*

En-cas

Crudités (vous pouvez prendre n'importe quel légume vert, jaune
ou rouge, cru, et en manger à volonté)
avec une sauce d'accompagnement*,
2 cuillerées à soupe (sélectionnez l'une de nos recettes originales)

Dîner

Dorade*
Maïs, 1 petit épi
Salade verte composée (mesclun, par exemple), 50 g
avec une Vinaigrette*, 2 cuillerées à soupe
(sélectionnez l'une de nos recettes originales)
Raisin noir sans pépins, 50 g

A n'importe quelle heure de la journée

1/2 tasse de lait écrémé
(utilisez-le pour adoucir votre thé ou votre café, ou buvez-le tel quel)

Cinquième jour de maintien

Petit déjeuner

Framboises, 1 coupe
(ou 1 coupe de n'importe quel fruit frais, excepté la banane)
1 tranche de pain complet grillé,
avec 1 cuillerée à café de beurre
Thé ou café, avec un nuage de lait écrémé
et un édulcorant artificiel, si vous le désirez
N'OUBLIEZ PAS le complément de calcium

Déjeuner

Steak haché maigre grillé, 180 g,
servi avec 1 tranche de pain complet grillé,
recouvert d'une 1/2 cuillerée à soupe de beurre de cacahuète
Salade de tomates *
Thé ou café, avec un nuage de lait écrémé
et un édulcorant artificiel, si vous le désirez
OU
Un cocktail de protéines *

En-cas

Crudités (vous pouvez prendre n'importe quel légume vert, jaune ou rouge, cru, et en manger à volonté)
avec une sauce d'accompagnement *,
2 cuillerées à soupe (sélectionnez l'une de nos recettes originales)

Dîner

Poulet poché à l'ail *
Purée de courgettes *
Riz brun, 50 g
« Glace » au tofu, 1/2 coupe, au coulis de framboise *

A n'importe quelle heure de la journée

1/2 tasse de lait écrémé
(utilisez-le pour adoucir votre thé ou votre café, ou buvez-le tel quel)

Sixième jour de maintien

Petit déjeuner

1 petit pain rond au son, de taille moyenne,
avec 2 cuillerées à café de fromage blanc 0 % de matière grasse
1/2 pamplemousse de taille moyenne ou 1/2 verre de jus d'orange
Thé ou café, avec un nuage de lait écrémé et un édulcorant artificiel,
si vous le désirez
N'OUBLIEZ PAS le complément de calcium

Déjeuner

Salade de fruits composée de : 1 orange de taille moyenne,
découpée en rondelles, 1/2 melon coupé en morceaux,
1 pomme de taille moyenne, coupée en morceaux,
avec fromage blanc 0 % de matière grasse,
100 g et une cuillerée à soupe de crème aigre
Thé ou café, avec un nuage de lait écrémé
et un édulcorant artificiel, si vous le désirez
OU
Un cocktail de protéines *

En-cas

Crudités (vous pouvez prendre n'importe quel légume vert, jaune
ou rouge, cru, et en manger à volonté)
avec une sauce d'accompagnement *,
2 cuillerées à soupe (sélectionnez l'une de nos recettes originales)

Dîner

Homard grillé *
Concombre braisé à l'aneth *
Pommes de terre nouvelles à la menthe *
Fantaisie au chocolat *

A n'importe quelle heure de la journée

1/2 tasse de lait écrémé
(utilisez-le pour adoucir votre thé ou votre café, ou buvez-le tel quel)

Septième jour de maintien

Petit déjeuner

Céréales sans sucre et sans lait, 30 g
(ou mon mélange préféré,
composé de 15 g de *Spécial K* et de 15 g de All-Bran)
1/2 pamplemousse de taille moyenne ou 1/2 verre de jus d'orange
Thé ou café, avec un nuage de lait écrémé
et un édulcorant artificiel, si vous le désirez
N'OUBLIEZ PAS le complément de calcium

Déjeuner

Poulet au curry en salade*
3/4 crackers soufflés à la farine complète
Thé ou café, avec un nuage de lait écrémé
et un édulcorant artificiel, si vous le désirez
OU
Un cocktail de protéines*

En-cas

Crudités (vous pouvez prendre n'importe quel légume vert, jaune
ou rouge, cru, et en manger à volonté)
avec une sauce d'accompagnement*,
2 cuillerées à soupe (sélectionnez l'une de nos recettes originales)

Dîner

Escalope de veau grillée, 180 g,
accompagnée d'un jus de citron
et d'un assortiment de fines herbes fraîches
Ratatouille*
Peaux de pommes de terre cuites au four*

A n'importe quelle heure de la journée

1/2 tasse de lait écrémé
(utilisez-le pour adoucir votre thé ou votre café, ou buvez-le tel quel)

LES RECETTES

POULET POCHÉ À L'AIL

pour 4 personnes

1 poulet de 1,800 kg, coupé en 8 morceaux
1/4 plaquette de margarine maigre
5 gousses d'ail non pelées, pilées
5 cuillerées à soupe de vinaigre balsamique ou autre
1 petit verre de vin blanc sec
2 cuillerées à café de moutarde
1 cuillerée à café bien pleine de concentré de tomates
60 g de crème aigre
1 cuillerée à café de fécule
2 cuillerées à café d'eau
Sel de régime ou sel et poivre
2 tomates pelées et épépinées

Faites dorer le poulet dans la margarine chaude. Ajoutez l'ail, recouvrez votre sauteuse d'un couvercle et faites cuire à feu doux pendant 20 minutes jusqu'à ce que le poulet soit moelleux. Placez-le ensuite sur un plat à servir que vous garderez au chaud. Versez la margarine contenue dans la sauteuse, moins une cuillère à soupe, dans une casserole, et ajoutez-y le vinaigre. Mélangez en grattant les petits morceaux dorés restés au fond. Faites chauffer à feu plus vif et faites bouillir jusqu'à ce qu'il ne reste plus que deux cuillerées à soupe de liquide. Ajoutez le vin, la moutarde, le concentré de tomates, mélangez bien et continuez à faire frémir. Mélangez la fécule à deux cuillerées à café d'eau, à laquelle vous ajouterez de la crème aigre. Versez le tout dans une petite poêle et faites frémir doucement jusqu'à ce que le mélange épaississe. Retirez du feu, passez le mélange vinaigré au chinois, puis versez-le dans la poêle. A l'aide d'un fouet, mélangez la sauce vinaigrée et le mélange à la crème aigre, puis ajoutez sel et poivre selon votre goût. Découpez les tomates en longues lamelles et incorporez-les à la sauce. Si cela est nécessaire, faites chauffer la sauce avant de la verser sur le poulet à l'aide d'une cuillère.

POULET AUX ÉPICES
pour 4 personnes

1 poulet de taille moyenne, coupé en 4 et dont vous aurez retiré la peau
2 cuillerées à café de curry en poudre
1 cuillerée à café de cumin
1 cuillerée à café de gingembre frais râpé
1/2 cuillerée à café de gingembre moulu
1/2 cuillerée à café de curcuma
1/2 gousse d'ail pilée
1 oignon émincé

Mélangez les ingrédients secs à l'ail, à l'oignon et au gingembre frais râpé. Imprégnez le poulet du mélange et mettez-le 2 heures au réfrigérateur, plus longtemps si cela vous est possible. Puis faites cuire les morceaux de poulet sur un barbecue chaud ou dans un four, environ 30 minutes ou jusqu'à ce qu'ils soient bien cuits. Retournez-les une fois.

POULET AU CURRY EN SALADE

180 g d'ailes de poulet grillées ou cuites à la vapeur, dont vous aurez retiré la peau
1/2 pomme verte et croquante, coupée en morceaux
2 côtes de céleri coupées en petits dés
2 cuillerées à soupe de mayonnaise au curry (mayonnaise [1] ou [2]) ou d'une quelconque mayonnaise à faible teneur calorique, que vous trouverez chez votre épicier
1 mangue bien mûre (facultatif)

Découpez les ailes de poulet en fines lamelles. Mélangez-les avec la pomme, le céleri et la mayonnaise. Garnissez votre plat de tranches de mangue bien mûre, si vous le désirez.

SALADE DE CRABE

1 portion copieuse ou 2 portions réduites

1 crabe cru de 1 kg environ (ou 1 kg de crabe cuit, intact)
Le jus d'un petit citron
2 cuillerées à café de vinaigre balsamique
1/2 cuillerée à café de moutarde
Chapelure fraîche obtenue à partir d'une tranche de pain complet
Persil haché (quelques branches)
Sel de régime ou sel et poivre
Quelques feuilles de laitue
3/4 tomates cerises (facultatif)
Rondelles de citron (facultatif)

Placez le crabe cru dans une casserole, recouvrez-le d'eau et faites-le frémir 30 minutes. Retirez-le de l'eau et faites-le refroidir. Puis placez le crabe sur le dos et retirez les pattes et les pinces. Brisez celles-ci avec un casse-noix et retirez la chair de la carapace et de la petite poche près de la tête, puis émiettez-la. A l'aide d'une cuillère, grattez la chair au fond de la carapace et placez la chair blanche dans un bol et la chair de couleur sombre dans un autre. Lavez et séchez la carapace. Cassez les grosses pinces, mais n'enlevez pas la chair. Réservez-les pour la garniture, si vous le désirez. A l'aide d'une broche, d'une fourchette à fondue ou de n'importe quel instrument pointu et assez long, retirez la chair des pattes et placez-la dans le même bol que la chair blanche.

Pour la sauce : mélangez la chair de couleur sombre au jus de citron, au vinaigre, à la moutarde et ajoutez suffisamment de chapelure pour que le mélange se tienne. Ajoutez ensuite le sel et le poivre, à votre convenance. Puis incorporez le mélange à la chair blanche. Ajoutez le persil et mélangez doucement.

Pour présenter : recouvrez la carapace de feuilles de laitue. Fourrez la carapace. Garnissez avec les pinces ouvertes, les tomates cerises et les rondelles de citron, si vous le souhaitez. Servez avec la mayonnaise spéciale de Liz ou avec une mayonnaise à faible teneur calorique, que vous trouverez chez votre épicier.

ŒUFS AU CURRY EN SALADE

2 œufs durs
1 petit bouquet de cresson
1 endive, coupée en petits morceaux
1/2 cuillerée à café de graines de sésame moulues
2 cuillerées à soupe de la mayonnaise au curry (mayonnaise [1] ou [2]) ou d'une mayonnaise à faible teneur calorique, que vous trouverez chez votre épicier
Paprika

Mélangez le cresson, l'endive et les graines de sésame, et disposez-les sur une assiette. Coupez les œufs en quatre et disposez-les en rosace sur la salade. Recouvrez de mayonnaise au curry. Saupoudrez de paprika.

CÔTES D'AGNEAU GRILLÉES
À LA SAUCE RAÏTA

3 côtes d'agneau, très petites et très maigres
1/2 pot de yaourt nature 0 % de matière grasse
2 bâtonnets de concombre, pelés et coupés en dés
2 branches de menthe fraîche, finement hachées
1/2 gousse d'ail pilée
Sel de régime ou sel et poivre, selon votre goût

Faites griller les côtes d'agneau au gril ou à four chaud jusqu'à ce qu'elles soient à point, c'est-à-dire environ 2 à 5 minutes de chaque côté. Pendant que les côtes d'agneau cuisent, mélangez tous les autres ingrédients pour faire la sauce. Servez-la pour accompagner les côtes d'agneau.

HOMARD CUIT À LA VAPEUR

pour 1 personne

1 livre à 1 kg de homard[1] (ce qui revient à peu près à 180 g de chair)

Dans une casserole assez grande pour contenir le homard, versez environ 8 centimètres d'eau, que vous ferez bouillir. Plongez-y le homard et couvrez votre casserole. Baissez la flamme et faites frémir 15 minutes. Puis retirez le homard du feu et plongez-le dans l'eau froide. Servez avec 2 cuillerées à soupe de sauce au cresson ou d'une autre sauce.

1. Vous pouvez aussi utiliser 180 g de homard surgelé ou en boîte.

DORADE
pour 1 personne

180 g de filets de dorade
1 poireau de taille moyenne, coupé en petits morceaux
30 g de morilles, coupées en petits morceaux (ou de champignons de Paris)
1/2 cuillerée à café de cerfeuil frais finement haché
2 cuillerées à soupe de vin blanc sec
Sel de régime ou sel et poivre, selon votre goût
Persil haché (facultatif)
Rondelles de citron

Mélangez le poireau, les champignons, le cerfeuil, le vin, le sel et le poivre pour confectionner une farce dont vous garnirez votre poisson. Enveloppez votre poisson dans une feuille d'aluminium sans le serrer. Puis faites-le cuire 10 minutes sur un barbecue ou 15 minutes à four moyen, jusqu'à ce que le poisson blanchisse. Retirez la feuille d'aluminium, la peau du poisson et garnissez de persil et de rondelles de citron, puis servez-le tel quel ou accompagné de la sauce dorade.

SAUCE DORADE

Jus du poisson cuit en papillote
1/2 verre de court-bouillon ou de jus de moule tout préparé
1 cuillerée à soupe de crème fraîche ou de crème aigre
1 cuillerée à café de fécule mélangée à 1 cuillerée à soupe d'eau

Versez le jus du poisson dans une petite casserole. Ajoutez le court-bouillon ou le jus de moule et faites réduire de moitié. Retirez du feu et ajoutez la crème fraîche ou la crème aigre et le mélange d'eau et de fécule. Faites chauffer à feu doux (ne faites jamais bouillir). Puis versez sur le poisson et servez. Votre plat de poisson paraîtra plus appétissant si vous le garnissez de rondelles de citron et de cresson.

PIGEONNEAU AU BARBECUE [1]

pour 6 personnes

3 pigeonneaux coupés en deux
Jus et zeste d'un citron
3 gousses d'ail de taille moyenne, pilées
1 cuillerée à soupe de sauce au soja peu salée
2 cuillerées à café de raifort frais râpé
2 cuillerées à café de Worcester sauce
1 cuillerée à café de paprika
Rondelles de citron (facultatif)
Romarin frais (facultatif)

Mélangez les 6 premiers ingrédients. Faites mariner vos pigeonneux 2 heures au moins, plus longtemps si cela vous est possible, dans le mélange obtenu. Placez les pigeonneaux sur le gril chaud de votre barbecue ou faites-les griller au four une vingtaine de minutes, en les retournant une fois. Servez immédiatement après avoir garni votre plat de rondelles de citron et de romarin frais, si vous le désirez.

1. On peut également réaliser cette recette avec du poulet. Dans ce cas, utilisez environ 1,500 kg de poulet, ailes, pilons et cuisses.

TURBOT MARINÉ ET GRILLÉ

pour 1 personne

1 filet de turbot de 180 à 240 g
Jus et zeste d'un 1/2 citron ou d'un 1/2 citron vert
1/2 cuillerée à café d'aneth frais finement haché
1/2 cuillerée à café de poivre noir fraîchement moulu
Citron ou citron vert (facultatif)
Persil (facultatif)

Mélangez le jus et le zeste du citron vert, l'aneth, le sel et le poivre. Versez le mélange sur le turbot et laissez mariner 30 minutes. Faites griller au barbecue ou au four jusqu'à ce que la chair soit bien blanche, environ 4 minutes de chaque côté. Servez tel quel ou avec une sauce aux asperges. Garnissez de rondelles de citron ou de citron vert et de persil, si vous le désirez.

SALADE DE THON
pour 1 personne

3 petites boîtes d'un 1/2 de thon au naturel
1/2 pamplemousse rose de taille moyenne
2 échalotes hachées
2 côtes de céleri, coupées en dés
1 cuillerée à café de concentré de tomates
1/2 à 1 cuillerée à soupe de mayonnaise spéciale de Liz ou de n'importe quelle mayonnaise à faible teneur calorique, que vous trouverez chez votre épicier
3 ou 4 feuilles de scarole
2 échalotes entières

Egouttez le thon et écrasez-le à l'aide d'une fourchette. Ajoutez le concentré de tomates à la mayonnaise et tournez jusqu'à ce que le mélange soit bien homogène. Ajoutez-y les échalotes hachées, le céleri et le thon. Détachez soigneusement les quartiers de pamplemousse, ôtez la peau blanche et incorporez-les au thon. Gardez l'écorce du demi-pamplemousse.

Pour présenter : disposez les feuilles de scarole sur une assiette, fourrez l'écorce du pamplemousse avec le mélange obtenu et placez le tout sur la scarole. Faites des « franges » avec les pousses vertes des échalotes entières et disposez-les en éventail sur la salade.

FARCE POUR DINDE ET POULET

pour 2 personnes

50 g de céleri finement haché
50 g de carottes grossièrement hachées
50 g de champignons, coupés en morceaux
50 g de châtaignes d'eau
1 gros oignon haché
1 grosse gousse d'ail pilée
1 petit verre de bouillon de poulet
2 tranches de pain complet, émietté (utilisez votre mixer)
2 blancs d'œufs
1 cuillerée à café de persil frais haché
1/2 cuillerée à café de romarin moulu
1/2 cuillerée à café de thym moulu
Sel de régime ou sel et poivre, selon votre goût

Faites cuire tous les légumes à la vapeur, sauf les châtaignes d'eau que vous ferez cuire dans le bouillon de poulet jusqu'à ce qu'elles deviennent tendres (3 à 5 minutes). Laissez-les refroidir. Mélangez la chapelure, les blancs d'œufs, les châtaignes d'eau, les herbes, le sel et le poivre. Faites cuire au four 40 minutes à 200° [1] ou jusqu'à ce que le mélange soit brun et croustillant. Servez avec une dinde ou un poulet rôti ou grillé au barbecue.

---

1. Thermostat 7.

COCKTAIL À LA POUDRE DE PROTÉINES

pour 1 personne

120 g d'eau
2 cuillerées à soupe de poudre de protéines [1]
2 cuillerées à café de lait malté
2 cuillerées à café de poudre de caroube
1 sachet d'édulcorant artificiel
2 gouttes de concentré de vanille liquide
Glaçons

Mélangez les ingrédients secs, la vanille et l'eau. Mixez à grande vitesse jusqu'à ce que le mélange soit parfaitement homogène. Ajoutez les glaçons, un par un, jusqu'à ce que le mélange épaississe et devienne crémeux.

SALADE DE FONDS D'ARTICHAUT

pour 1 personne

100 g de fonds d'artichaut surgelés ou en conserve, égouttés
1 tomate, coupée en petits dés
1 gros oignon, grossièrement haché
1/2 cuillerée à café de sauge fraîche, finement hachée
Sel de régime ou sel et poivre

Disposez les fonds d'artichaut et la tomate sur une assiette. Saupoudrez d'oignon, puis de sauge. Salez et poivrez, selon votre goût. Versez de la vinaigrette ou de la vinaigrette sans huile sur votre salade et servez.

LÉGUMES GRILLÉS EN PAPILLOTE

pour 1 personne

120 g de champignons émincés
120 g de céleri-rave, coupé en petits morceaux
1 oignon de taille moyenne, grossièrement haché
1 cuillerée à café de thym frais finement haché
1 cuillerée à café de sauce de soja à faible teneur en sel

Mélangez les ingrédients et enrobez-les dans une feuille de papier d'aluminium dont vous replierez les bords pour former une papillote. Faites-les cuire sur le gril du barbecue ou à four moyen, pendant 10 à 15 minutes. Ne les faites pas trop cuire. Les légumes sont meilleurs quand ils croquent légèrement sous la dent.

CONCOMBRE CUIT À LA VAPEUR ET À L'ANETH

pour 1 personne

1 concombre de taille moyenne
2 cuillerées à café d'aneth frais, finement haché
Une pincée de sel de régime ou de sel
Une pincée de poivre citronné

Epluchez le concombre et coupez-le en rondelles d'environ 2 centimètres d'épaisseur. Saupoudrez celles-ci d'aneth, de sel et de poivre citronné. Faites-le cuire à la vapeur jusqu'à ce qu'il soit légèrement croquant.

PEAUX DE POMME DE TERRE CUITES AU FOUR

pour 1 personne

2 pommes de terre de taille moyenne
1 cuillerée à soupe de parmesan râpé
Sel de régime ou sel et poivre

Faites cuire les pommes de terre au four à 200°[1] ou au four à micro-ondes. Coupez-les en deux dans le sens de la longueur, quand elles sont encore chaudes. A l'aide d'une cuillère, retirez presque toute la chair de la pomme de terre, ne laissant qu'une fine couche accolée à la peau. Saupoudrez les peaux de fromage et assaisonnez selon votre goût avec le sel et le poivre. Puis faites-les gratiner au gril du barbecue ou au four jusqu'à ce qu'elles soient bien dorées et croustillantes. Pour qu'elles soient parfaitement à point, servez-les immédiatement.

1. Thermostat 7.

POMMES DE TERRE NOUVELLES À LA MENTHE

pour 1 personne

4 petites pommes de terre nouvelles, grattées
1 grande branche de menthe fraîche
Ciboulette hachée
Sel de régime ou sel

Faites cuire les pommes de terre dans une casserole, avec juste assez d'eau pour les recouvrir. Pilez les feuilles de menthe et mettez-les dans l'eau. Faites frémir 15 minutes jusqu'à ce que les pommes de terre soient cuites. Egouttez les pommes de terre, servez chaud avec la ciboulette hachée et salez selon votre goût.

LIZ'S RATATOUILLE
pour 1 personne

150 g d'aubergines, coupées en dés de 2 centimètres de côté
150 g de haricots verts, coupés en morceaux
150 g d'oignons, grossièrement hachés
150 g de champignons, coupés en 4
1 cuillerée à soupe de concentré de tomates
1 cuillerée à café de coriandre fraîche hachée
Sel de régime ou sel et poivre

Versez 2 centimètres d'eau dans une casserole, et versez les 5 premiers ingrédients que vous ferez frémir jusqu'à ce qu'ils soient fondants (rajoutez de l'eau si c'est nécessaire). Ajoutez la coriandre en remuant le mélange, puis le sel et le poivre, selon votre goût. Servez chaud. S'il vous en reste, gardez-la au réfrigérateur. Chaude ou froide, cette ratatouille est délicieuse !

POIS GOURMANDS CUITS À LA VAPEUR ET ACCOMPAGNÉS DE CHÂTAIGNES D'EAU

1/2 livre de pois gourmands préparés
2 châtaignes d'eau émincées
2 cuillerées à café de sauce de soja à faible teneur en sel

Faites cuire les pois gourmands à la vapeur, 3 à 4 minutes, jusqu'à ce qu'ils soient juste tendres. Retirez-les du feu et mélangez-les aux châtaignes d'eau et à la sauce de soja, dans un bol chaud.

ÉPINARDS SERVIS DANS LEUR COQUILLE DE TOMATE

1 tomate de belle taille
150 g d'épinards hachés frais ou surgelés
1/2 cuillerée à soupe de pignons frais
1/4 cuillerée à café de noix de muscade moulue
Sel de régime ou sel

A l'aide d'une cuillère, retirez la pulpe et les pépins de la tomate. Faites cuire les épinards à la vapeur ou faites-les frémir dans de l'eau, puis égouttez-les. Mélangez-les aux pignons, à la noix de muscade, et salez selon votre goût. A l'aide d'une cuillère, remplissez la coquille de tomate précédemment obtenue et faites-la cuire 10 minutes à four moyen.

PURÉE DE COURGETTES

pour 1 personne

2 courgettes de taille moyenne
Sel de régime ou sel et poivre

Faites cuire les courgettes à la vapeur jusqu'à ce qu'elles soient fondantes. Mettez-les dans un bol et écrasez-les avec une fourchette jusqu'à ce que vous obteniez une purée homogène. Ajoutez sel et poivre, selon votre goût.

SALADE DE TOMATES
pour 1 personne

1 tomate de belle taille
1 petit oignon
Basilic frais finement haché
Poivre citronné

Coupez la tomate et l'oignon en fines rondelles. Disposez-les sur une assiette en alternant tomate et oignon, les rondelles se chevauchant. Saupoudrez de basilic et de poivre citronné, selon votre goût.

LÉGUMES CUITS À LA VAPEUR

50 g de courgettes coupées en petits morceaux
50 g de brocolis coupés en petits morceaux
50 g de chou-fleur coupé en petits morceaux
Jus de citron
Poivre noir fraîchement moulu
1 cuillerée à soupe de sauce de soja à faible teneur en sel (facultatif)

Faites cuire les légumes à la vapeur 2 à 4 minutes (ne les faites pas trop cuire, car ils sont meilleurs croquants). Retirez-les de la Cocotte-Minute et ajoutez le jus de citron et le poivre, selon votre goût. Arrosez de sauce de soja, si vous le désirez, et mélangez. Vous pouvez aussi essayer l'une de nos autres recettes de sauce.

Les sauces, les vinaigrettes et les mayonnaises

SAUCE AUX ASPERGES

1/2 livre d'asperges fraîches
1/2 verre de bouillon de poulet ou de bœuf
1 cuillerée à café de crème aigre 20 % de matière grasse
Sel de régime ou sel et poivre

Coupez les extrémités dures des asperges et éliminez-les. Coupez ce qui reste en morceaux de 2 ou 3 centimètres de long, et faites-les frémir dans le bouillon de poulet ou de bœuf jusqu'à ce que les asperges soient fondantes. Laissez-les légèrement refroidir, puis mettez-les dans le bol de votre mixer. Ajoutez la crème aigre et mixez jusqu'à ce que vous obteniez une purée. Ajoutez sel et poivre, selon votre goût. Faites chauffer à feu doux et servez cette sauce avec du poisson ou du poulet.

SAUCE AU BLEU

240 g de bleu émietté
4 cuillerées à café de crème aigre 20 % de matière grasse
2 cuillerées à café de vinaigre
1 échalote hachée
Sel de régime ou sel et poivre

Mélangez les 4 premiers ingrédients dans un récipient et passez-les au mixer jusqu'à ce que vous obteniez un mélange lisse et crémeux. Salez et poivrez selon votre goût. Mettez au frais et utilisez cette sauce pour accompagner vos crudités, vos légumes ou votre salade.

SAUCE AU FAUX CAVIAR

1 yaourt 0 % de matière grasse
1 petit pot d'œufs de lump (le vrai caviar est trop gras)
Jus de citron
Sel de régime ou sel et poivre

Mélangez les œufs de lump et le yaourt. Ajoutez le jus de citron, le sel et le poivre, selon votre goût. Mettez au frais et utilisez ce mélange comme sauce d'accompagnement pour les crudités, ou faites-le chauffer et versez-en quelques cuillerées sur des légumes cuits à la vapeur.

SAUCE AU FROMAGE FRAIS ET À LA CIBOULETTE

240 g de fromage frais 0 % de matière grasse, émietté
1 cuillerée à soupe de crème aigre 20 % de matière grasse
2 cuillerées à soupe de ciboulette fraîche hachée
Lait écrémé
Sel de régime ou sel et poivre

Mélangez le fromage frais, la crème aigre et la ciboulette dans un mixer. Ajoutez suffisamment de lait écrémé pour liquéfier le mélange et mixez à nouveau pour le rendre crémeux. Ajoutez le sel et le poivre, selon votre goût. Conservez au frais et utilisez cette sauce comme accompagnement pour les crudités, les légumes ou la salade.

CRÈME D'AIL

240 g de fromage frais 0 % de matière grasse, émietté
2 cuillerées à soupe de yaourt 0 % de matière grasse
2 cuillerées à soupe de ciboulette fraîche hachée
1/2 verre de lait écrémé
1 gousse d'ail pilée
Sel de régime ou sel et poivre, selon votre goût

Placez tous les ingrédients dans le bol de votre mixer et mixez jusqu'à ce que vous obteniez un mélange lisse et crémeux. Conservez au frais et utilisez cette sauce pour les crudités, les légumes ou la salade.

MAYONNAISE SPÉCIALE DE LIZ

1 œuf entier
1 jaune d'œuf
1 verre d'huile de tournesol
1 cuillerée à soupe de vinaigre balsamique ou non
Le jus de 1 citron
2 gousses d'ail, pelées et pilées
1/2 cuillerée à café de moutarde forte
1/2 cuillerée à café de Worcester sauce
Sel de régime ou sel et poivre
Edulcorant artificiel (facultatif)
1/2 verre de lait écrémé

Mettez l'œuf, le jaune d'œuf, le vinaigre, le jus de citron, l'ail, la moutarde et la Worcester sauce dans le bol de votre mixer et mixez bien. Réglez votre mixer sur une vitesse rapide et ajoutez peu à peu l'huile (le mélange épaissit énormément). Versez-le dans un bol et ajoutez le sel, le poivre et éventuellement l'édulcorant artificiel, selon votre goût. Versez le lait écrémé et mélangez vigoureusement. Conservez cette mayonnaise dans un récipient où l'on peut faire le vide et mettez-le au réfrigérateur jusqu'au moment de servir. Cette mayonnaise se garde jusqu'à 6 semaines.

Vous avez fait un magnifique boulot à l'intérieur de vous-même... il reste beaucoup à faire à l'extérieur, ma chérie — ma première photo après le centre Betty Ford.
(David McGough/DMI.)

J'essaie de me cacher derrière une rose. Qui croyais-je tromper ? Pensais-je vraiment que c'était une taille que je serrais dans une ceinture ? *(A g. : Ron Galella/Ron Galella, Ltd. ; à dr. : Alan Berliner/ABSI.)*

Ci-contre : **Surprise une fois de plus par l'impitoyable appareil photo.** *(Ron Galella/Ron Galella Ltd.)*

Accueillant “Mighty Mo”, Maureen Stapleton, à la fois une grande actrice et une amie très chère. Remarquez ma coiffure (qui brille par son absence), symptôme de mon manque d'amour-propre. *(Ph. Raimondo Borea.)*

Ci-contre : **Carol Burnett, autre collègue et grande amie. Je porte un de mes cache-misères qui ne cachait rien...** *(John Paschal/DMI.)*

Ma première apparition publique après le centre Betty Ford. En compagnie de Betty, Gregory Peck, Martha Graham et Polly Bergen — on me croirait enceinte ! *(© 1987 Joan Tedeschi.)*

Au cours d'une réception avec mon vieil ami Roddy McDowall.
(Kevin Winter/DMI.)

Ci-contre :* Mon tendre ami Rock Hudson — photographié par mon fils Christopher sur le plateau du *Miroir se brisa.

Moments privilégiés avec ma mère au Lincoln Center. J'étais au mieux de moi-même et avais retrouvé mon amour-propre et ma beauté ; c'est pourquoi je rayonnais de bonheur.
(Ph. David McGough/DMI.)

Burt Reynolds et moi au cours d'une fête de charité à Beverly Hills. *(© Chris Hunter.)*

Ci-contre : **George et moi au cours de la réception donnée pour mon cinquante-cinquième anniversaire par mes bons amis Carole et Burt Bacharach** ***(en haut).*** **Mon fils Christopher et moi partageons de merveilleux moments... entre autres le même anniversaire** ***(en bas).*** *(Ph. © 1987 Michael Jacobs/MJP.)*

« Sois honnête avec toi-même. »
*(© 1985 Terry O'Neill/
Woodfin Camp & Associates.)*

Un des hauts faits qui suivirent mes changements dévastateurs puis ma découverte du « déclic » ; ma vie entière s'est complètement transformée. Grand événement : le lancement de mon parfum, Passion d'Elizabeth Taylor, le 14 janvier 1987 à New York. *(Linda Solomon.)*

Les photos non signées appartiennent à la collection privée d'Elizabeth Taylor et sont reproduites avec son autorisation.

MAYONNAISE AU CURRY [1]

1 bol de mayonnaise spéciale de Liz ou n'importe quelle mayonnaise à faible teneur calorique
2 cuillerées à soupe d'huile de tournesol
2 cuillerées à soupe de vinaigre
1 petit oignon finement haché
2 cuillerées à café de curry en poudre
2 cuillerées à café de jus de citron
Sel de régime ou sel et poivre

Mélangez les 6 premiers ingrédients et remuez jusqu'à ce que vous obteniez un mélange homogène. Salez et poivrez, selon votre goût. Conservez cette mayonnaise au frais et utilisez-la comme accompagnement pour les crudités ou comme sauce pour les légumes ou la salade. Vous pouvez également l'utiliser pour la salade d'œufs au curry et pour le poulet au curry en salade.

MAYONNAISE AU CURRY [2]

1 bol de mayonnaise spéciale de Liz ou de n'importe quelle mayonnaise à faible teneur calorique
2 cuillerées à café de curry en poudre
1 cuillerée à café de confiture d'abricots à faible teneur calorique
Le jus d'un 1/2 citron ou citron vert

Mélangez les ingrédients. Remuez vigoureusement. Utilisez cette mayonnaise pour le poulet au curry en salade ou pour la salade d'œufs au curry, ou tout simplement comme accompagnement.

SAUCE À LA MOUTARDE

1 bol de la mayonnaise spéciale de Liz ou de n'importe quelle mayonnaise à faible teneur calorique, que vous trouverez chez votre épicier
2 cuillerées à soupe de crème aigre 20 % de matière grasse
2 cuillerées à soupe de moutarde de Meaux ou d'une autre moutarde à l'ancienne

Mélangez bien tous les ingrédients. Conservez au frais et utilisez cette sauce comme accompagnement pour les crudités ou comme sauce pour les légumes ou la salade.

SAUCE AU ROQUEFORT

1 yaourt 0 % de matière grasse
60 g de roquefort ou de bleu, émietté
2 cuillerées à soupe de vinaigre balsamique ou non
1 gousse d'ail de belle taille, pilée
1 cuillerée à café de Worcester sauce
1/2 cuillerée à café de moutarde
Edulcorant artificiel (facultatif)
Poivre noir fraîchement moulu

Mettez tous les ingrédients, à l'exception de l'édulcorant et du poivre, dans votre mixer et mixez jusqu'à ce que le mélange devienne lisse. Ajoutez l'édulcorant et le poivre, selon votre goût. Utilisez cette sauce comme accompagnement pour les crudités, les légumes ou la salade.

SAUCE TARTARE

1 bol de mayonnaise spéciale de Liz ou de n'importe quelle mayonnaise à faible teneur calorique, que vous trouverez chez votre épicier
1/2 petit oignon, finement haché
2 cuillerées à soupe de cornichons finement hachés
2 cuillerées à soupe de câpres finement hachées
1 cuillerée à soupe de persil frais finement haché
Jus de citron
Sel de régime ou sel et poivre

Mélangez bien les 5 premiers ingrédients. Ajoutez le jus de citron, salez et poivrez à votre goût. Conservez au frais et utilisez cette sauce pour accompagner des crudités ou de la salade.

CRÈME À LA TOMATE

240 g de ketchup léger (à faible teneur en glucides et en lipides)
3 cuillerées à soupe de crème aigre à faible teneur calorique (20 % de matière grasse)
1/2 petit oignon finement haché
1 cuillerée à café de moutarde de Dijon
1 gousse d'ail pilée
2 cuillerées à soupe de persil frais haché

Mélangez les ingrédients, puis mixez-les dans le bol de votre mixer jusqu'à ce que vous obteniez une purée. Conservez au frais et servez cette sauce pour accompagner les crudités, les légumes ou la salade. Vous pouvez également la verser, chaude, sur un steak.

SAUCE TOMATE

2 belles tomates fraîches, pelées
2 côtes de céleri, coupées en petits dés
1 carotte coupée en petits morceaux
1 petit oignon haché
1 gousse d'ail
Le jus d'un 1/2 citron
1 cuillerée à café de Worcester sauce
1 feuille de laurier
1 cuillerée à café de basilic frais haché
Quelques branches de persil hachées
1 sachet d'édulcorant artificiel (facultatif)

Mettez tous les ingrédients dans une poêle à fond épais et faites-les frémir 30 minutes. Si le mélange n'est pas assez épais, faites-le réduire en prolongeant la cuisson. Servez avec des pâtes, du poulet, du poisson, ou utilisez cette sauce pour accompagner un steak.

VINAIGRETTE
À FAIBLE TENEUR CALORIQUE

5 cuillerées à soupe de bouillon de poulet ou de bœuf
1 cuillerée à soupe d'huile végétale
1 cuillerée à soupe de jus de citron
1 cuillerée à soupe de vinaigre
1 grosse gousse d'ail pilée
1/2 cuillerée à soupe de ciboulette
1/2 cuillerée à café de cerfeuil
Tabasco
Sel de régime ou sel et poivre

Mélangez les 7 premiers ingrédients et faites-les mariner à part, au moins deux heures. Ajoutez le Tabasco, le sel et le poivre, selon votre goût. Remuez vigoureusement pour bien mélanger avant de servir.

VINAIGRETTE SANS HUILE

1/2 verre de vinaigre balsamique ou à l'estragon
1/2 concombre pelé, grossièrement haché
1 oignon vert, grossièrement haché
2 gousses d'ail pilées
1 cuillerée à café de Worcester sauce
1/2 cuillerée à café de persil frais haché
1/2 cuillerée à café de basilic frais haché
Edulcorant artificiel (facultatif)
Sel de régime ou sel et poivre

Placez les 7 premiers ingrédients dans le bol de votre mixer et mixez jusqu'à ce que vous obteniez un mélange lisse. Ajoutez l'édulcorant artificiel, le sel et le poivre, selon votre goût.

NOTE : pour obtenir une vinaigrette plus crémeuse, ajoutez 2 blancs d'œufs aux autres ingrédients, avant de les mixer.

SAUCE AU CRESSON

1 grand bol de mayonnaise spéciale de Liz ou de n'importe quelle mayonnaise à faible teneur calorique, que vous trouverez chez votre épicier
1 cuillerée à soupe de cresson finement haché

Mélangez les ingrédients et remuez le mélange avec vigueur. Utilisez-le pour accompagner les crudités ou le homard.

Les desserts

POMME AU FOUR

pour 1 personne

1 pomme Granny Smith de taille moyenne
1 cuillerée à soupe de groseilles ou de raisins secs
Le zeste d'une 1/2 orange
1 sachet d'édulcorant artificiel
1 cuillerée à café de cannelle

Lavez la pomme et enlevez le centre. Avec un couteau bien aiguisé, coupez la peau horizontalement dans la partie la plus renflée de la pomme, pour éviter que celle-ci n'éclate pendant la cuisson. Mettez la pomme au four, dans un plat contenant 1 centimètre d'eau. Mélangez les autres ingrédients et introduisez-les dans la pomme. Faites cuire à 100°[1], environ 1 heure ou jusqu'à ce qu'elle devienne fondante.

---

1. Thermostat 3.

TARTE AUX POMMES
pour 4 personnes

Pour la pâte
100 g de farine complète
100 g de farine ordinaire
100 g de margarine maigre
2 blancs d'œufs
Une pincée de sel de régime ou de sel

Pour la garniture
2 grosses pommes vertes
2 abricots
1 cuillerée à café de raisins secs
1/2 cuillerée à café de cannelle
1/2 cuillerée à café de quatre-épices
1/2 cuillerée à café de clous de girofle moulus
1/2 sachet d'édulcorant artificiel
3 cuillerées à soupe de gelée d'abricots de régime (pour donner un aspect luisant)

Mélangez les deux farines, la margarine et le sel et mixez dans votre robot ménager jusqu'à ce que vous obteniez une consistance de miette de pain. Ajoutez les blancs d'œufs et l'eau pour faire une pâte ferme (la pâte ne doit pas être trop humide. Bien qu'il soit plus difficile de travailler une pâte sèche, celle-ci sera plus légère, plus moelleuse). Faites refroidir au réfrigérateur, au moins 30 minutes.

Pendant ce temps, épluchez les pommes, coupez-les en quartiers, retirez-en le centre et faites-en des tranches fines. Ouvrez les abricots, dénoyautez-les et coupez-les en tranches.

Etalez la pâte de sorte qu'elle puisse recouvrir un moule à tarte de 20 centimètres de diamètre. Eliminez ce qui dépasse du moule, à l'aide d'un couteau. Faites cuire 10 minutes à 150° [1]. Retirez le moule du four, disposez les raisins, les tranches de pommes et d'abricots sur la pâte. Formez des cercles réguliers, les tranches de fruit se chevauchant, sur les couches supérieures. Saupoudrez de cannelle, de quatre-épices, de clous de girofle et d'édulcorant artificiel. Remettez au four une vingtaine de minutes. Glacez le dessus de la tarte avec de la gelée d'abricot et faites recuire 5 minutes. Laissez refroidir avant de servir.

1. Thermostat 5/6.

FANTAISIE AU CHOCOLAT

pour 4 personnes

1 sachet de préparation pour pudding au chocolat diététique[1]
1 verre de lait écrémé en poudre
1 verre et 1/2 de café noir
1 jaune d'œuf légèrement battu

Mélangez la préparation pour pudding, le lait et le café dans une casserole et faites chauffer à feu doux, sans cesser de remuer, jusqu'à ce que le mélange épaississe. Retirez du feu. Ajoutez le jaune d'œuf, sans cesser de remuer, à l'aide d'une spatule. Faites de nouveau chauffer 1 minute. Versez dans des ramequins individuels et laissez refroidir au réfrigérateur.

1. Vous trouverez ce genre de préparation dans les magasins diététiques et dans certains supermarchés.

SOUFFLÉ À L'ORANGE
pour 4 personnes

4 oranges
5 cuillerées à soupe de farine
3 cuillerées à soupe de margarine à faible teneur calorique
Le zeste d'une orange râpé
2 sachets d'édulcorant artificiel
2 blancs d'œufs

Découpez le sommet de vos oranges en formant un chapeau d'un peu plus de 1 centimètre d'épaisseur. A l'aide d'une cuillère, retirez la pulpe, en faisant bien attention de conserver l'écorce intacte. Gardez les écorces. Pressez la pulpe dans un chinois pour obtenir du jus. Il vous faudra environ 1 verre de jus d'orange pour réaliser cette recette.

Faites fondre la margarine dans une casserole. Ajoutez la farine et faites chauffer 1 minute, en remuant sans cesse. Retirez du feu et ajoutez le zeste d'orange et le jus. Faites chauffer de nouveau et, cette fois, faites bouillir doucement, en remuant sans cesse. Faites frémir 2 minutes, sans cesser de remuer. Ajoutez l'édulcorant artificiel, selon votre goût, puis retirez votre casserole du feu. Faites monter les blancs d'œufs en neige jusqu'à ce qu'ils soient fermes et incorporez-les peu à peu dans le mélange précédemment obtenu et refroidi.

Si c'est nécessaire, découpez une fine tranche à la base des oranges pour qu'elles tiennent mieux. Versez la pâte à soufflé parfumée à l'orange dans les écorces et remplissez-les aux 2/3 environ. Placez les oranges reconstituées dans un plat à rôtir et faites cuire à four chaud jusqu'à ce que le soufflé gonfle et soit bien doré. Juste avant de servir, saupoudrez le sommet des oranges d'édulcorant artificiel.

PÊCHE AU FOUR AU COULIS DE FRAMBOISES

pour 1 personne

1 pêche ferme de belle taille
2 cuillerées à soupe d'eau
Une pincée d'édulcorant artificiel
Une pincée de quatre-épices
1/2 cuillerée à café de zeste de citron râpé
Feuilles de menthe fraîche (facultatif)
Framboises fraîches (facultatif)

Coupez la pêche en deux dans le sens de la longueur et retirez le noyau. Placez les deux moitiés dans un plat à rôtir contenant un peu d'eau et ajoutez l'édulcorant artificiel, les quatre-épices et le zeste de citron. Couvrez votre plat d'une feuille d'aluminium et faites cuire au four à 100° [1], 20 à 25 minutes, ou jusqu'à ce que la pêche soit fondante. Servez avec le coulis de framboises. Et garnissez de feuilles de menthe fraîche et de framboises fraîches, si vous le désirez.

Coulis de framboises

150 g de framboises fraîches
Le jus d'un 1/2 citron
2 sachets d'édulcorant artificiel

Mixez tous les ingrédients dans le bol de votre mixer, jusqu'à ce que vous obteniez un mélange lisse. Versez le coulis dans votre assiette. Egouttez les demi-pêches, coupez-les en tranches et disposez-les sur votre assiette.

1. Thermostat 3.

Quatrième partie

L'exercice physique

1.

Je suis le produit de l'ère précédente, période où on ne considérait pas encore que, pour garder une jolie silhouette, il était indispensable d'entretenir sa forme physique. Voilà pourquoi j'étais un peu sceptique quand j'entendais certains dire qu'ils prenaient plaisir à s'entraîner. Pour moi, c'était une corvée, d'autant plus que je n'avais jamais considéré l'équitation, la danse ou la natation comme un exercice physique. Ce mot évoquait toujours des gens en sweat-shirt, s'étirant et grognant de douleur. Mon attitude avait toujours consisté à leur répondre : « C'est gentil, mais non, merci. »

Mes problèmes physiques n'étaient sans doute pas étrangers à cette réaction négative. Sans ces ennuis-là, peut-être aurais-je été parmi les premières à prendre en marche ce train de la forme. Je suis certaine que j'aurais au moins essayé. Peut-être l'exercice physique m'aurait-il permis sinon de rester mince, du moins de rester en forme. L'activité physique aurait brûlé les calories superflues et, m'occupant l'esprit, m'aurait empêchée de pleurer sur mon sort. Ou de manger. Ou les deux à la fois.

Peu importe. Pendant des années, je n'ai pratiquement fait aucun exercice physique, d'une part parce que je croyais détester cela, d'autre part parce que j'avais peur de me blesser. Tout a changé. Je sais, aujourd'hui, que, si je veux que mon poids se maintienne, un exercice physique modéré est indispensable. Et si j'attends mes séances avec une certaine impatience, cela peut aussi vous arriver. Mais attention : réfléchissez avant de faire travailler votre corps.

Tout d'abord, quel que soit votre âge et même si vous pensez être en condition et en bonne santé, ne vous lancez dans un programme quelconque que si vous avez obtenu le feu vert de votre médecin. Rappelez-lui les problèmes que vous avez ou ceux que vous avez connus dans le passé. Expliquez-lui vos objectifs et demandez-lui quelles sont les activités qui, tout en vous permettant de les réaliser, présentent le moins de risques. Votre praticien vous suggérera peut-être de faire quelques analyses avant de commencer. Il est très important de suivre ses conseils.

Mes problèmes de dos m'ont astreinte à une grande prudence. Je n'ai pas voulu concevoir seule mon programme d'exercices (et je considère que c'est, de toute façon, une grave erreur). J'ai donc consulté le Dr Leroy R. Perry, chiropracteur célèbre et très respecté, président de l'Institut international de médecine du sport de Los Angeles. Il m'a établi un programme qui comprend une brève série d'exercices simples, destinés à améliorer le tonus musculaire en général, à fortifier le dos et le haut du corps et à améliorer ma posture (si vous voulez rajeunir de dix ans et perdre cinq kilos en dix minutes, tenez-vous bien. Je vous dirai comment, un peu plus tard). Le Dr Perry m'a également conseillé d'utiliser ma piscine, pas seulement pour m'y plonger, mais pour effectuer un peu de natation aérobic.

Comme tout me semble différent à présent ! Je ne me considère pas vraiment comme une maniaque de la condition physique, mais j'ai appris à apprécier le bien-être qu'on ressent après l'effort. Mon corps s'est transformé, ce qui me plaît, et il m'est beaucoup plus facile de me maintenir à cinquante-cinq kilos, quand je brûle les calories superflues en nageant, ce que j'apprécie.

Faites attention : ce n'est pas parce que le programme qui suit a été conçu pour ne pas mettre mon dos à rude épreuve que les mêmes activités vous conviendront. Même si vous pensez n'avoir aucune défaillance physique, parlez de votre programme à votre médecin avant de vous mettre au travail.

Comment se tenir bien

Il est une chose que nous pouvons tous améliorer, sans qu'il s'agisse vraiment d'un exercice physique, c'est notre posture. Malheureusement, il suffit de prononcer ce mot pour voir s'assombrir les regards. Dans notre enfance, on nous a tous harcelés pour que nous nous tenions droit. Ceci explique probablement cela. En vérité, ceux qui nous harcelaient avaient touché du doigt quelque chose de très important.

Voûtée, même une femme jeune a l'air usée et vaincue par la vie. Si son corps est superbe, une mauvaise posture le fera oublier. Si elle est trop grosse, une mauvaise posture peut lui donner cinq kilos de plus. Une femme qui se tient comme si elle était belle est plus belle.

Je n'ai jamais eu de problème de posture. Une vie passée devant la caméra est un remède infaillible contre les épaules voûtées. Mais le Dr Perry m'a donné quelques conseils tout à fait essentiels pour obtenir une posture correcte.

Pour commencer, il m'a conseillé de me déshabiller et de me mettre, pieds nus, devant un miroir en pied. Répartissez votre poids de manière égale sur les deux pieds. Les bras pendant latéralement, tracez une ligne imaginaire partant d'un point situé entre les chevilles pour arriver jusqu'au front, en passant entre les genoux, par le centre du pubis, le nombril, la poitrine et le menton. Si vous pouvez tracer des lignes *horizontales* reliant les chevilles, les genoux, les hanches, les épaules et les yeux, c'est que vous avez un bon alignement.

Puis tournez-vous et regardez-vous de profil. L'idéal serait de pouvoir tracer une ligne imaginaire *verticale* partant d'un point légèrement en avant de la cheville, passant par un point situé au tiers du genou, par la hanche, légèrement en avant de l'épaule et coupant l'oreille en deux.

Cet alignement, dit le Dr Perry, est proche de la perfection. S'il ne vous est pas naturel, entraînez-vous pour y parvenir. A moins que vous n'ayez des troubles musculo-squelettiques mineurs (si vous aviez des troubles plus importants, vous le sauriez), l'alignement correct vous semblera vite confortable et naturel.

Voici une technique que vous pouvez utiliser pour ne pas oublier de vous tenir bien droite, de ne pas vous rétrécir et d'avoir fière allure. Celle-ci repose sur l'imagerie mentale. Certains de ses patients — y compris de nombreuses vedettes de Hollywood et plusieurs athlètes olympiques — regimbent quand il leur parle de cette technique, le Dr Perry le reconnaît volontiers. Mais ils se rendent rapidement compte qu'elle est efficace.

Choisissez d'abord une couleur vive. Puis fermez les yeux et imaginez cinq ballons de cette couleur, gonflés à l'hélium et flottant autour de votre corps. L'un d'entre eux est attaché au sommet de votre tête, un autre à chaque muscle pectoral et un au sommet de chaque hanche. Prenez l'habitude d'associer votre couleur à ces ballons imaginaires. Quand vous marchez dans la journée, chaque fois que vous apercevez cette couleur, visualisez les ballons qui vous tirent vers le haut, en douceur mais avec fermeté, vous redressent la tête, la poitrine et les hanches.

Vous vous rendrez compte que, lorsque la tête se redresse, la tension du cou diminue. Quand la poitrine et le bassin se redressent, les épaules et le dos se détendent. Une merveilleuse sensation de flottement vous envahira, qui se reflétera aussitôt dans votre position assise, debout, et dans vos mouvements. Au bout de quelques semaines, vous vous sentirez plus gracieuse, plus assurée, plus jeune.

Exercices de développement de la tonicité, d'étirement et de flexion

J'ai essayé de pratiquer les exercices suivants deux fois par jour, le matin et le soir. Ils tonifient les muscles et améliorent la souplesse. Je les ai trouvés, quant à moi, très revigorants. La plupart d'entre eux étant conçus pour « décompresser » la colonne vertébrale — pour contrebalancer la contraction qui est l'inévitable conséquence de la pesanteur —, j'avais aussi l'impression qu'ils m'allongeaient. Ce n'était peut-être qu'une illusion, mais du moins ne me tassais-je pas !

L'ÉTOILE DU MATIN

Cet exercice étire et assouplit le haut, le centre et le bas du dos. Il tonifie également les muscles abdominaux, étire les muscles fessiers et assouplit les tendons du jarret (les tendons situés à l'arrière du genou).

1. Allongez-vous sur le dos, sur un tapis ou sur une moquette (ne faites jamais cet exercice sur une surface molle ni sur un lit). Le bras droit est tendu derrière la tête et le bras gauche, tendu, forme un angle droit avec le reste du corps. Les jambes doivent être droites. Sans contracter les muscles des fesses, rentrez le coccyx pour faire basculer le bassin (attachez-vous à utiliser les muscles abdominaux pour réaliser ce mouvement).

2. Croisez votre jambe gauche au-dessus de votre jambe droite.

3. Reprenez le même mouvement avec le bras gauche

levé et le bras droit tendu à 90°. Croisez la jambe droite au-dessus de la jambe gauche.

4. Répétez cet exercice cinq fois, puis dix fois de suite, au bout de deux semaines.

IMPORTANT : la première semaine, contentez-vous de suivre les instructions ci-dessus. Les semaines suivantes, étirez les bras et les jambes et tenez les positions 2 et 3 plus longtemps, jusqu'à ce que vous puissiez tenir cinq secondes pleines en étirant au maximum les bras et les jambes.

LES ENROULEMENTS ABDOMINAUX

Cet exercice ressemble aux redressements du haut du corps. La sensation est assez semblable, le ventre est également plat. Mais il met moins la colonne vertébrale à contribution et, en renforçant les muscles abdominaux inférieurs, il vous permet d'avoir un dos mieux soutenu. *P-S :* il vous faudra un coussin pour effectuer cet exercice.

Enroulement n° 1

1. Allongez-vous sur le dos, sur la moquette ou sur un tapis de gymnastique, les jambes bien tendues, les pieds en rotation interne, les talons en légère rotation externe. Serrez un coussin entre vos cuisses, haut placé. Plus vous le mettrez haut, mieux cela vaudra. Repliez les bras sur la poitrine et, sans contracter les fessiers, rentrez le coccyx pour rétroverser le bassin.

2. En un mouvement lent et continu — gardez toujours le coussin entre les cuisses —, redressez suffisamment la tête pour que le menton rentre en direction du cou. Puis penchez le nez en direction de la poitrine et le front en direction de l'abdomen. La partie inférieure de vos omoplates doit rester en contact avec le sol, même quand l'enroulement est maximal.

3. Déployez-vous progressivement pour revenir à la position de départ.

4. Répétez l'exercice cinq fois de suite.

5. La première semaine, contentez-vous d'exécuter le mouvement complet. La deuxième semaine, tenez un bref instant l'enroulement maximal. Prolongez-en progressivement la durée, jusqu'à ce que vous puissiez compter jusqu'à cinq en tenant la posture.

Enroulement nº 2

Les pieds sur le sol, les genoux fléchis formant un angle de 30°, reprenez l'enroulement nº 1, de la position 1 à la position 5.

Enroulement nº 3

Les jambes reposant sur une chaise, reprenez l'enroulement nº 1, de la position 1 à la position 5.

ROTATIONS ARRIÈRE DES ÉPAULES

Les exercices suivants ne présentent aucune difficulté et améliorent la souplesse du haut du corps tout en réalignant la colonne vertébrale, le cou et la tête. Comme ils tendent également à réduire les effets négatifs de la gravitation en redressant les épaules, le Dr Perry compare cette série d'exercices à un « lifting postural naturel ». Vous verrez que le haut de votre dos se renforcera, que vos épaules ne seront plus voûtées et que vous aurez, de ce fait, un plus joli port de tête. Votre gorge et votre visage paraîtront plus fermes, plus toniques. De plus, cet exercice développe la capacité pulmonaire, améliorant par conséquent la circulation du sang.

Rotation nº 1

1. Adossez-vous à une porte sans vous appuyer trop lourdement. Les bras doivent rester ballants, les pieds en légère rotation interne, les orteils pointant vers l'extérieur.

2. La poitrine bien bombée, faites tourner vos épaules vers le haut, puis en arrière, avant de les faire redescendre le plus bas possible, comme si vous vouliez « saisir » la porte entre vos omoplates (pour que le haut de

votre dos ne soit plus voûté, il est important que vous effectuiez uniquement des rotations arrière, jamais de rotations avant).

3. Comptez jusqu'à 5, puis revenez à la position initiale.

4. Reprenez cet exercice dix fois de suite.

Rotation n° 2

1. Adossez-vous à une porte comme pour la rotation n° 1 mais, cette fois-ci, fléchissez les bras au niveau du coude et posez l'extrémité de vos doigts sur vos épaules.

2. La poitrine bien bombée, effectuez une rotation des épaules, d'abord vers le haut, puis en arrière, enfin le plus bas possible en essayant de « saisir » la porte entre vos omoplates.

3. Comptez jusqu'à cinq en tenant la posture, puis revenez à la position initiale.

4. Reprenez cet exercice dix fois de suite.

Rotation n° 3

1. Adossez-vous à une porte comme pour la rotation n° 1, mais les bras écartés latéralement au niveau de l'épaule. Repoussez les mains avec la plus grande force possible.

2. La poitrine bombée, continuez de repousser les mains et faites tourner les épaules vers le haut, puis en arrière, enfin le plus bas possible.

3. Comptez jusqu'à cinq en tenant la posture, puis revenez à la position initiale.

4. Reprenez cet exercice dix fois de suite.

NOTE : Pour que cet exercice produise des effets plus bénéfiques encore, effectuez deux séries de dix rotations au bout de deux semaines, et trois séries de dix rotations au bout de trois semaines.

RÉTROVERSION DU BASSIN EN POSITION DEBOUT

On effectue également cet exercice avec un coussin. Il rend le ventre plus plat et vous permet de réaligner le bas du dos, si celui-ci est dévié. Votre popotin sera moins proéminent. Cet exercice contribue aussi à développer et à conserver une meilleure posture, dit le Dr Perry.

1. Serrez un coussin entre vos cuisses, haut placé. Les bras tendus au-dessus de la tête, servez-vous de vos mains — paumes contre le mur — pour vous soutenir en formant un angle de 30° à 45°. Vos pieds doivent rester bien à plat sur le sol. Rentrez le coccyx pour que votre bassin bascule.

2. Ecrasez le coussin entre vos cuisses en utilisant les muscles abdominaux et ceux du haut des cuisses. *Ne contractez pas* les muscles fessiers.

3. Tenez la posture en comptant jusqu'à cinq.

4. Reprenez cet exercice dix fois de suite.

EXERCICE DE RAFFERMISSEMENT DU VISAGE

Il améliore la tonicité du cou et des mâchoires en diminuant la tension de la partie supérieure de la colonne vertébrale, du cou et de la tête. Après cet exercice, j'ai toujours l'air plus détendue, reposée.

1. Tenez-vous droite, bien étirée, et croisez les mains derrière la tête, à la base du cou.

2. Exercez une pression douce, régulière. Essayez de repousser la tête et le cou en arrière tandis que vos mains croisées s'opposent à cette résistance.

3. Poussez/résistez en comptant jusqu'à cinq.

4. Répétez dix fois cet exercice.

EXERCICE DE MUSCULATION DE LA JAMBE

Si vous voulez des cuisses et des mollets toniques et, plus généralement, une meilleure conformation, des chevilles aux hanches (n'est-ce pas ce que désire tout un chacun ?), cet exercice de balancement est fait pour vous.

1. Tenez-vous bien droite, debout, étirée, le poids également réparti entre le talon du pied gauche et les orteils du pied droit.

2. Maintenez fermement les hanches — ne les laissez ni se balancer ni dévier —, portez votre poids sur le talon droit et sur les orteils du pied gauche. Ce faisant, ramenez le bras gauche en arrière, comme lorsque vous marchez.

3. Puis faites porter votre poids sur le talon gauche et sur les orteils du pied droit, bras gauche en avant et bras droit en arrière.

4. Répétez quarante fois cet exercice.

Les exercices d'aérobic vous conviennent-ils ?

Je déteste dire à qui que ce soit ce qu'il doit ou ne doit pas faire. C'est votre vie et c'est à vous de prendre les décisions la concernant. Néanmoins, je ferai une exception pour vous conseiller, si vous êtes à peu près en bonne santé, de faire au moins quelques heures d'aérobic par semaine.

Tous les exercices ne sont pas aérobics. Ceux que je viens de décrire m'étirent et m'assouplissent, mais ils ne sont pas aérobics. Mon corps n'est pas en mouvement pendant une longue période. Ils ne développent pas mon endurance et n'affectent ni mon cœur ni mes poumons, ce qui est le propre de l'aérobic.

Pour être vraiment en forme, pour acquérir de l'endurance et accumuler des réserves d'énergie comme vous n'en avez jamais eu, il faut pratiquer l'aérobic. Ce type d'exercice est précieux pour tous ceux qui suivent un régime, car il accélère le métabolisme et vous permet de brûler les calories plus vite.

Si j'ai l'air de parler avec l'ardeur du converti, c'est que je le suis. Où que je pose le regard, je constate les bienfaits d'un entraînement aérobic. Vous l'avez sans doute remarqué, vous aussi. Où sont passées toutes ces chairs molles ? Les femmes de mon âge et plus âgées peuvent avoir un corps ferme et sexy. Il est important d'avoir une alimentation saine, mais la méthode aérobic est la clef d'une telle condition physique.

Bien que le jogging et la danse aérobic soient très répandus dans de nombreuses régions de ce pays, aucun des deux ne me convient. Ce piétinement permanent exerce trop de pression sur ma colonne vertébrale.

Mais la natation ! C'est tout autre chose. C'est amusant. Il n'y a pas de contact avec une surface dure. On glisse dans l'eau, c'est tout. Tout le corps travaille, ce qui le tonifie et le rend globalement plus svelte. Et comme vous êtes toujours en mouvement, la natation vous procure les bienfaits d'un entraînement cardio-vasculaire. Si vous avez l'intention de vous lancer à fond dans la natation aérobic, peut-être devriez-vous vous inscrire dans un club de sport. La plupart des Y's [1] mettent une piscine à votre disposition.

Bien que ce sport soit moins dangereux que d'autres activités, la natation peut quand même amplifier les troubles dorsaux. Le Dr Perry a exigé que je porte un appareil pour améliorer la flottaison. Cela ressemble à une ceinture de ski nautique. La lanière est retournée pour que l'abdomen soit mieux soutenu. Même si votre colonne vertébrale ne vous a jamais causé le moindre désagrément, consultez votre médecin avant de plonger. Commencez en douceur. Il est tout aussi risqué de nager trop vite ou trop longtemps, les premières fois, que de forcer en pratiquant n'importe quelle activité à laquelle votre organisme n'est pas habitué. Tout d'abord, comptez les longueurs et non les aller et retour. Psychologiquement, vous aurez l'impression d'en avoir fait plus.

Quant à la durée et à la fréquence de vos séances de

1. Les Y's (YMCA = Young Men Christian Association ou YWCA = Young Women Christian Association) sont les clubs de sport les plus populaires et les moins coûteux aux Etats-Unis. Il existe, en France, de nombreux clubs de sport qui vous proposent les mêmes activités.

natation, vous seule pouvez les déterminer. Mais l'exercice physique n'est efficace que s'il est régulier. A présent que mon corps est plutôt bien entraîné, une demi-heure trois fois par semaine me semble un bon rythme. Il y a des semaines où je fais une séance supplémentaire, d'autres où, mon emploi du temps étant très chargé, j'ai du mal à en caser deux. J'attends vraiment avec impatience mes séances de natation et je suis déçue quand je suis contrainte d'en manquer une.

L'aqua-aérobic

De temps à autre, pour changer de rythme ou quand je n'ai pas envie de me mouiller les cheveux, je remplace quelques aller et retour par quinze à trente minutes d'aqua-aérobic. J'effectue toujours ces exercices en position verticale, la tête émergeant de l'eau. Je porte une ceinture de flottaison sous les bras, assez lâche, ou un gilet de natation, pour réduire le contact avec le sol de la piscine. Le Dr Perry pense qu'on peut pratiquer les exercices d'aqua-aérobic avec presque tout ce qui flotte, un ballon de plage, un gilet de sauvetage et même des planches de natation, une sous chaque bras.

Les trois exercices d'aqua-aérobic qui suivent ne constituent qu'une partie de mon entraînement habituel. Je les ai inclus à cet ouvrage pour vous donner une idée de la nature et du fonctionnement de cette discipline. Essayez-les. Si cela vous plaît, demandez au maître nageur de votre club de sport ou de votre piscine de vous en enseigner d'autres, pour que vous puissiez également vous constituer un programme complet.

Comprenez bien que ces exercices ne sont aérobiques c'est-à-dire qu'ils développent l'endurance et améliorent le système cardio-vasculaire — que si vous les effectuez sans interruption, l'un après l'autre, sans faire de pause.

Cela demande de l'entraînement, et il vous faudra sans doute un certain temps avant d'être capable de les effectuer avec la vitesse et la continuité nécessaires pour en tirer tous les bénéfices sur le plan cardio-vasculaire. En attendant, tout en travaillant pour atteindre cet objectif, vous brûlerez de nombreuses calories superflues en tonifiant et en remodelant les parties de votre anatomie qui en ont probablement le plus besoin !

En aqua-aérobic, vous devez toujours être debout (ou plutôt flotter en position verticale), droite et bien étirée, la poitrine haute et le bassin rétroversé. Si vous n'êtes pas bonne nageuse, assurez-vous qu'il y a toujours un bon nageur près de vous. Ne perdez pas pied. Ce n'est pas nécessaire, il suffit que vous ayez de l'eau à hauteur de l'épaule. N'oubliez pas qu'il est toujours plus amusant de s'entraîner avec une amie.

LES GRANDES FLEXIONS DU GENOU

Je commence et je termine toute séance d'aqua-aérobic par cet exercice. Il fortifie et tonifie les bras, le ventre, le haut du dos et les fesses. Un appareil de flottaison ou un gilet est absolument nécessaire pour effectuer cet exercice.

1. Les pieds décollés du sol de la piscine, « courez » dans l'eau en balançant les bras d'avant en arrière, les mains en cuillère et tournées l'une vers l'autre (levez le genou gauche quand le bras droit est en avant ; levez le genou droit quand le bras gauche est en avant). Levez les genoux le plus haut possible à chaque « pas » (à présent, je peux lever les genoux à hauteur de la taille !).

2. Au début, ne faites que trois ou quatre pas en courant. Puis, progressivement, « courez » jusqu'à cinq minutes. Il vous faudra peut-être des semaines ou des mois, mais vous y arriverez.

LES LANCERS DE JAMBES

Gardez les cuisses et les bras tendus et bien fermes. Vous aurez de nouveau besoin d'une sorte de bouée de flottaison.

1. Les pieds décollés du sol, effectuez des cercles avec les bras, d'avant en arrière, pour garder l'équilibre et lancez votre jambe droite en avant, le plus haut possible.

2. Faites toujours tourner vos bras et levez la jambe gauche le plus haut possible, comme si vous étiez danseuse de cabaret.

3. Reprenez cet exercice en alternant les jambes.

4. Au début, effectuez ces lancers de jambes pendant trente secondes. Puis, progressivement, essayez de tenir deux minutes.

NOTE : Au fur et à mesure que vous développerez force et endurance, augmentez la vitesse pour effectuer le plus de lancers possible à la minute.

LES EXERCICES DE DANSE

C'est un exercice excellent pour les jambes, les cuisses et les mollets.

1. Tenez-vous droite, bien étirée dans la piscine, le pied gauche tendu, comme une danseuse. Effectuez des cercles avec vos bras pour maintenir l'équilibre. Puis décrivez un arc de cercle de 180° avec le pied droit en avant de la cheville gauche, et revenez au point de départ. Décrivez ensuite un arc de cercle de 180° avec le pied droit, devant le genou gauche, puis effectuez le mouvement inverse. Enfin, décrivez le même arc de cercle, aller et retour, avec le pied droit, à hauteur de la cuisse gauche.

2. Recommencez en décrivant un arc de cercle de 180° avec le pied droit, derrière la cheville gauche, puis du genou, enfin de la cuisse.

3. Maintenant placez-vous, le pied droit pointé, et décrivez un arc de cercle avec le pied gauche en avant puis

en arrière de la cheville, du genou puis de la cuisse gauche, en suivant les indications ci-dessus.

4. Au début, effectuez une série de mouvements pendant deux minutes, puis tenez trois minutes en effectuant le plus de mouvements possible.

Les autres activités aérobics

De toute évidence, la natation — que je fasse des longueurs ou de l'aqua-aérobic — est mon activité aérobic préférée, parce que c'est celle qui exerce le moins de tension sur mon dos. Mais à moins que votre dos ne vous fasse trop souffrir, il n'y a aucune raison pour que vous ne choisissiez pas une ou plusieurs des autres activités aérobics qui s'offrent à vous.

Peut-être préférerez-vous la bicyclette, en plein air ou en appartement. Si vous optez pour la première solution, cela vous permettra de vous aérer sur les routes. La seconde solution présente l'avantage de ne pas dépendre des conditions météorologiques (vous n'aurez pas l'excuse de la pluie ou du froid pour ne pas vous entraîner) et, comme vous ne serez pas obligée de regarder où vous allez, vous pourrez lire ou regarder la télévision en pédalant. Une machine à ramer présente les mêmes avantages.

Bien entendu, il y a aussi la marche à pied. Une petite promenade vaut mieux que rien du tout, mais ce n'est pas très « aérobic ». Mieux vaut marcher d'un *bon pas,* en balançant les bras ou en effectuant un mouvement de pompe. Pour réduire les risques de blessure, le Dr Perry conseille de se pencher légèrement vers l'avant en marchant, pour que le coccyx soit rentré, et de repousser le sol avec le pied arrière. L'entraînement est plus efficace, m'a-t-on dit, si l'on porte des charges au poignet ou des bracelets à la cheville.

J'ai à peine abordé la vaste gamme des exercices aérobics qui sont à votre disposition. Il y en a probablement des dizaines dont je n'ai même pas entendu parler. Le plus important, c'est que l'exercice aérobic, quel qu'il soit, développe l'énergie, favorise la longévité et, ce qui n'est pas le moindre des avantages lorsque l'on suit un régime, brûle les calories !

Si vous avez décidé de parvenir à une condition physique optimale, prenez rendez-vous avec votre médecin et parlez ensemble des avantages et des inconvénients des différentes activités aérobics et de la meilleure façon de les aborder. Quels que soient vos problèmes physiques et votre état de santé, il y a au moins une technique qui vous conviendra.

Mais ne vous attendez pas à vous passionner, dès la première minute, pour l'activité aérobic de votre choix. Prenez le temps de l'apprécier. Vous finirez par aimer cela, même s'il vous faut du temps. Et même quand cela fera partie intégrante de votre existence, sachez qu'il y a des jours où l'on n'a pas envie de bouger. Je le sais. Il y a encore des jours où j'aimerais me reposer au bord de la piscine au lieu de plonger. Mais je résiste de mieux en mieux à ces impulsions et, chaque fois que j'y parviens, je ne m'en porte que mieux. Si l'on s'entraîne sans en avoir envie, on se sent deux fois plus vertueux.

Cinquième partie

En résumé

1.

Pour être mince et le rester, il existe un secret très simple. Soyez mince et heureuse dans votre tête, et laissez-vous guider par cette représentation mentale. Si ce que vous êtes devenue vous satisfait, continuez et mettez toute votre énergie et votre enthousiasme à demeurer cette nouvelle femme. Je ne me vois plus comme cette grosse femme dont le *National Enquirer* publiait les photos. Je ne nie pas que j'aie été ainsi, mais ma nouvelle vie active m'absorbe, qui ne me laisse le temps ni d'avoir une attitude malsaine ni de me laisser aller. Mes excès alimentaires faisaient partie de ce type de comportement. Si vous avez perdu le poids que vous désiriez perdre, vous pouvez, vous aussi, conserver votre mince silhouette en suivant quelques règles simples.

Première condition, il faut croire à ce que l'on fait. Effacez ces images où vous étiez gauche et trop forte. Même si, il y a quelques mois à peine, vous étiez un bibendum, ne regardez pas en arrière. Aujourd'hui, vous êtes svelte et vous devez adopter cette nouvelle image de vous-même.

Dans son livre, *Eating Disorders* (Troubles de la nutrition), le Dr Hilde Bruch décrit un phénomène qu'elle nomme « distorsion de l'image corporelle ». Ses recherches ont montré que les femmes qui furent de grosses adolescentes ont tendance à se trouver grosses même si, adultes, elles sont devenues minces. Elles n'ont jamais effacé leurs vieux clichés, ce qui présente un danger : un jour ou l'autre, elles iront jusqu'à correspondre à ces images négatives. Elles risquent de reprendre les kilos qu'elles avaient perdus, parce qu'elles croient qu'elles ne sont elles-mêmes que quand elles sont grosses. Quand j'entends des femmes qui semblent minces et en forme se plaindre constamment de leur poids, je ne suis pas surprise d'apprendre qu'elles étaient grosses dans leur adolescence. Je suis certaine que vous connaissez des gens comme ça. Vous en faites peut-être partie.

Dans mon enfance, je n'étais pas grosse, mais les années que j'ai passées, à la quarantaine, à lutter contre les kilos ont laissé une forte empreinte sur mon psychisme. Après avoir maigri, je devais parfois faire un effort pour me souvenir que je n'étais plus *madame Bibendum*. Même devant l'évidence de mon image dans le miroir, un petit détail, une jupe étroite par exemple, pouvait me mettre dans tous mes états. Cela m'est arrivé une fois. C'était un 38. Quand je l'ai essayé, je ne pouvais pas en remonter la fermeture Eclair. J'ai failli piquer une crise de nerfs. Bien que j'aie consciencieusement suivi mon programme de maintien, je me maudissais déjà pour avoir mangé trop de salade au déjeuner. La vérité, c'était que ma silhouette n'avait pas bougé d'un iota. L'étiquette n'indiquait pas la bonne taille. C'était un 36. Mais la vieille image de la femme trop grosse était vite revenue ! C'est une attitude courante chez ceux qui viennent de maigrir énormément, mais dangereuse. La clef du succès, c'est de ne penser qu'au présent.

Suivez mon conseil. Ne vous accrochez pas à une vision de votre silhouette, qui n'est plus de circonstance. Si votre balance vous indique le poids adapté à votre taille, à votre structure osseuse et à votre âge, vous êtes certainement superbe. Ne vivez pas dans la hantise de revenir au premier modèle. Aujourd'hui, vous êtes mince et séduisante, mais si vous vous trouvez grosse ou boulotte, il se pourrait bien que les autres, tout comme votre psychisme hypersensible, reçoivent ce message. Croyez-moi, vous serez beaucoup plus heureuse et il vous sera beaucoup plus facile de rester mince si vous concentrez votre énergie sur cette vie nouvelle et gratifiante.

L'une des conséquences les plus encourageantes de ma renaissance fut le regain d'intérêt que j'éprouvai pour ceux qui m'entouraient, en particulier pour les êtres qui me sont le plus chers. Nul n'est plus fier de ma réussite que ma propre famille. Quand j'étais dans un état léthargique et que je me traînais d'une activité à l'autre, sans jamais en tirer de satisfaction, j'étais incapable de penser à autre chose qu'à mon triste sort. J'ai perdu de vue les êtres qui comptaient le plus pour moi, mes enfants et mes petits-enfants. La perte de l'amour-propre provoque ce type d'effet secondaire, extrêmement néfaste. Quand on est déprimé, on a tendance à s'isoler. Un jour, je me suis remise à penser comme une mère. Ce fut le premier véritable signe de ma guérison. A présent, les succès de mes enfants m'enchantent.

Michael, qui est un comédien talentueux, travaille à New York depuis des années. En plus de ses spectacles à Broadway ou en dehors de Broadway, il participe régulièrement à un feuilleton de télévision très populaire. Il vient souvent — pas assez souvent — me voir avec sa femme, Brooke, qui est actrice et productrice. Mon seul regret est de ne pas voir Laelé et Naomi, les deux petites filles de Michael, mes deux premiers petits-enfants, aussi souvent que je le souhaiterais. Christopher, mon second fils, travaille pour le cinéma, mais pas devant les caméras. Il est directeur de production pour le cinéma et la télévision, ici à Los Angeles. Ses deux fils, Caleb et Andrew, viennent sans cesse chez moi, ce qui me permet de jouer les mamies autant que j'en ai envie. Ma fille, Liza, s'est installée dans l'Etat de New York et poursuit une brillante carrière de sculpteur. Au sein de ma collection d'œuvres d'art, rien ne m'est plus précieux que les petits chevaux de bronze que Liza m'a offerts, il y a quelques années. En 1986, sa statue de bronze de John Henry, le grand champion, a été sélectionnée par la Newmarket Gallery qui désirait en vendre des reproductions de porcelaine. En 1986, le jour de la fête des Mères, Liza a donné le jour à Quinn, mon dernier petit-fils. Au-dessus de la cheminée, il y a une jolie gouache représentant ma fille et son bébé. C'est son mari, Hap Tivey, qui l'a peinte. La benjamine de la famille, Maria Burton Carson, habite New York où elle élève sa fille, Eliza. Quand l'heure sera venue, je suis certaine que Maria reprendra son métier de mannequin ou qu'elle se lancera dans une autre entreprise mais, en attendant, elle a la liberté de profiter complètement des joies de la maternité, privilège que je lui envie souvent.

S'il est gratifiant pour moi de voir progresser mes enfants, il fut tout aussi satisfaisant pour eux de voir la nouvelle femme que j'étais devenue. Comme il est plus agréable d'avoir une mère qui vous inspire de l'admiration, non de la pitié, qui peut vous aider au lieu de vous encombrer. Quand Chris, qui a hérité mon amour des sucreries, a voulu maigrir, il m'a demandé mon régime et perdu onze kilos. A présent, il a concocté sa propre version de mon programme de base. C'est merveilleux de pouvoir aider ses enfants, surtout quand ils ont grandi et pris leur indépendance. En fait, mes enfants n'ont pas besoin de moi, mais je suis ravie d'être là quand ils me demandent conseil.

Une fois que j'eus déterminé les gens et les choses importants pour ma nouvelle vie, j'ai non seulement éprouvé de nouvelles joies avec ma famille, mais j'ai également découvert que j'avais assez d'énergie pour faire d'autres rencontres et me lancer dans d'autres activités. Tant que vous saurez vous attacher à votre nouvelle image et au respect de vous-même enfin retrouvé, vous verrez que vous ferez de nouvelles connaissances et que vous assumerez de nouveaux rôles, presque sans le chercher. Cela fait partie de l'incroyable essor qui accompagnera votre évolution.

Afin de donner le meilleur de vous-même dans votre « meilleur des mondes », il est essentiel que vous choisissiez des amis forts. Vous avez besoin de supporters, pas de saboteurs. Il n'est pas toujours aisé de distinguer les uns des autres. Quand on est gros, le monde se divise en deux groupes : ceux qui vous harcèlent et ceux qui vous laissent tranquille. Le plus drôle, c'est qu'il existe des supporters et des saboteurs dans les deux camps. La nouvelle femme que vous êtes est capable de les différencier. Quand j'étais grosse, des amis ont vraiment essayé de m'aider. Pour certains, mieux valait ne rien dire et me laisser faire ce que je voulais jusqu'à ce que je retrouve la raison. D'autres m'ont harcelée. Franchement, l'attitude des uns et des autres importait peu, du moins tant que je n'avais pas décidé de renoncer à mon comportement destructeur.

Maintenant que je suis guérie, je recherche vraiment la compagnie de ceux qui encouragent mon nouveau mode de vie. Voici un exemple de ce que j'entends par là. Il y a quelques semaines, j'ai déjeuné avec une amie de passage. Lorsqu'on nous présenta le menu, j'hésitai entre une salade et la spécialité de la maison, une délicieuse tourte au poulet, surmontée d'une gigantesque croûte.

« Tu devrais goûter la tourte au poulet, dis-je à ma compagne. Elle est fabuleuse ! »

Le serveur vint prendre la commande.

« On m'a dit que votre tourte au poulet était merveilleuse, fit-elle, mais je l'essaierai un autre jour. Je prendrai une salade de fruits et un fromage blanc. »

Sans perdre une seconde, j'ai refermé le menu.

« Donnez-moi la même chose », me suis-je empressée de dire.

Je ne dis pas que, si mon amie avait commandé une tourte au poulet, j'aurais *nécessairement* suivi, mais je constate qu'elle m'a facilité la tâche. Je connais d'autres femmes qui auraient pris la tourte au poulet, puis un dessert. Je vois ces amies-là en dehors des repas. Mais je ne parle pas sans cesse de ce que je mange. Je l'ai fait. Quand je ne mangeais pas, j'y pensais. Aujourd'hui, je mange raisonnablement et je pratique le « jeûne mental ».

Une fois acquises les bonnes habitudes, j'ai pu prêter une main secourable aux autres. Je les ai soutenus. Pour de nombreuses raisons, je me sens à la fois obligée et honorée de tenir ce rôle. Il y a quelque temps, je regardais une émission télévisée sur l'obésité. Les invités étaient au nombre de quatre. Trois d'entre eux, deux hommes et une femme, étaient d'anciens obèses. La quatrième était une femme aux proportions monstrueuses. Elle s'appelait

Vous avez besoin de supporters pas de saboteurs

Mary Ann. Mary Ann déclara qu'elle avait été au régime presque toute sa vie, jusqu'à ce qu'elle s'en lasse. Elle était persuadée qu'elle ne pourrait pas rester mince, alors pourquoi essayer d'être ce qu'elle ne pouvait pas être? Aujourd'hui, affirmait-elle, elle « était contente d'être grosse ». Les trois autres contestèrent sa position. Les deux hommes se montrèrent fermes, mais compréhensifs. Elle devait essayer de perdre *un peu* de poids, disaient-ils. De leurs commentaires ressortait une inquiétude sincère, fondée sur leur propre expérience. En revanche, la nouvelle mince fit preuve d'une incroyable cruauté. Elle attaqua littéralement cette femme, lui disant qu'elle se mentait à elle-même et qu'elle serait malheureuse tant qu'elle n'aurait pas maigri. Son attitude était le contraire même d'une attitude de soutien, une attitude que je n'aurai jamais et, Dieu merci, une attitude que je n'ai jamais rencontrée. Même si elle prétendait être heureuse, Mary Ann souffrait. On ne peut être satisfait quand on a une corpulence telle qu'on ne peut pas s'asseoir sur une chaise ordinaire. Bien que rares soient ceux qui atteignent de telles proportions, beaucoup de gens ayant ou ayant eu des problèmes de poids redoutent, en leur for intérieur, d'en arriver là. C'est l'une des raisons pour lesquelles, tout au long de cette émission, le public riait avec une telle nervosité. Si les obèses sont l'objet de notre mépris, c'est que, quelque part au fond de nous, nous sommes convaincus que cela peut nous arriver. Et c'est vrai. Cela m'est arrivé... à moi.

Quand je suis devenue obèse, j'ai invoqué tous les prétextes du genre : « Et puis zut, après tout, c'est mon corps, c'est ma vie. » Mais Dieu sait que j'étais sensible à ce que l'on disait. Et comme j'étais une star de cinéma, je me suis attiré plus de réflexions que l'obèse moyen. Si je n'en avais plus à mes propres yeux, je représentais encore une valeur... pour les autres. Ce n'est généralement pas le cas. Les gens gros sont l'objet d'une terrible discrimina-

Devenez une experte de votre nouveau mode de vie

tion. On leur refuse certains postes et on les juge uniquement sur leur taille. Ma célébrité ne m'a pas totalement protégée. J'ai alimenté les plaisanteries des animateurs de la télévision et les articles des magazines. Bien que je n'aie jamais voulu perdre mon temps à revenir sur les aspects négatifs de mon passé, il est important, je crois, de ne pas oublier qu'on peut facilement se montrer blessant. Mieux vaut apporter notre soutien, ne pas être destructeur avec ceux qui ont des problèmes de poids.

Autre règle pour avoir la joie de rester mince, il faut sortir de chez soi et s'occuper. A l'époque où j'étais grosse, je me terrais à la maison quand je n'avais aucune obligation familiale ou professionnelle. Pour être précise, je passais mon temps dans la cuisine ou devant la télévision. Dès que j'ai maigri, j'ai voulu sortir. Même s'il vous faut encore lutter pour cela, obligez-vous à vous montrer en public. Faites ce que vous aimez. Il y a tant d'activités qui s'offrent à vous. J'adore danser. C'est sans doute un reste de mon éducation. Quand nous sortions le soir, c'était pour aller dîner et danser. A présent, je me consacre davantage à la danse, y compris dans les discothèques. Si vous avez de jeunes enfants, investissez-vous dans les activités scolaires, assistez aux réunions de parents d'élèves et participez à l'organisation des activités extra-scolaires. Faites de la politique. Vous n'êtes pas obligée d'épouser un sénateur. Vous pouvez faire bouger le gouvernement de manière beaucoup plus efficace en participant aux instances locales. L'important, c'est que votre nouvelle vie tourne autour de nouveaux centres d'intérêt et de nouvelles activités, non du réfrigérateur ou de la télévision.

Quand vous quittez la sécurité et le confort de votre « nid », vous prenez un risque, c'est certain. Pour avoir une saine assurance, il faut savoir prendre des risques. Et si, après avoir maigri, vous sortez pour la première fois, ce risque ne va pas sans compensations. Votre nouveau moi étonnera vos amis et même vos ennemis. J'ai vraiment pris mon pied lorsque, pesant cinquante-cinq kilos, je suis apparue devant les médias. Certes, ce n'est que vanité. Toutes les femmes aiment séduire. Mais ma vie avait pris une nouvelle direction et les autres en prenaient acte.

C'était ça le plus important. Quand les autres reconnaissent que vous maîtrisez votre existence, rien ne peut vous donner plus de confiance en vous.

Pour garder la maîtrise des événements, devenez une experte de votre nouveau mode de vie. Ce n'est pas aussi difficile que vous le croyez. Quand on suit un régime, on évalue ce qu'on mange. Si on prend son régime au sérieux, on devient une sorte d'autorité en la matière. Ne luttez pas contre cet état de fait. Apprenez le maximum de choses. Au début, c'est exactement ce que j'ai fait. J'ai lu des tas de livres et j'ai rencontré des tas de diététiciens et de médecins. J'en suis arrivée à ne plus apercevoir un quelconque aliment sans voir briller devant mes yeux sa teneur en calories et en hydrates de carbone et sa composition nutritionnelle. Un simple morceau de gâteau se voyait décomposer en farine, sucre, eau, œufs, chacun ayant sa valeur nutritive propre. Maintenant que mon régime alimentaire est bien établi, je pense moins à la composition nutritionnelle de chaque bouchée, mais les connaissances que j'ai acquises m'empêchent de trop manger et même de rester trop longtemps à rêver de sucres d'orge, dont la valeur nutritive est nulle. Si vous connaissez la teneur calorique de ce que vous mâchonnez, vous aurez moins tendance à grignoter machinalement.

Profitez de ces connaissances nouvellement acquises en matière de nutrition, mais soyez également compétente pour tout ce qui concerne votre bien-être physique. Devenez une pro du vêtement et du maquillage. Cherchez les produits de beauté et les produits diététiques qui vous conviennent le mieux. Apprenez à reconnaître les styles qui vous avantagent. Mais ne passez quand même pas d'un extrême à l'autre. Vous n'êtes pas obligée de passer votre vie le nez plongé dans les revues de mode ni de devenir un pilier du magasin de prêt-à-porter du coin, afin que nul n'ignore l'intérêt que vous portez à votre apparence. Ce que je vous conseille, c'est de recueillir les informations utiles pour être la plus belle possible. Faites suffisamment attention à vous pour savoir ce qui vous convient.

L'activité physique est une excellente chose pour tous. J'ai déjà souligné son importance au cours d'un régime. C'est également capital pendant la phase de maintien. Il faut aussi que vous sachiez parfaitement quels sont les exercices les plus sains et ceux qui vous conviennent le mieux. Il y a une dizaine d'années, il y eut un regain d'intérêt pour le bien-être physique. On n'entendit plus parler que d'aérobic, et la bonne vieille gymnastique suédoise passa au second plan. Quelques années plus tard, on apprit que l'aérobic était meilleure pour la santé, pratiquée « en douceur » et associée à la véritable gymnastique suédoise. Le plus drôle, c'est que, alors que les adultes sont des fanatiques de la forme, des études récentes ont montré que leurs enfants sont de plus en plus gros et mollassons. En fait, les enfants d'âge scolaire ont 40 % de graisse de plus qu'il y a quinze ans ! Ils passent leur temps devant la télévision en mangeant des cochonneries, au lieu de jouer en plein air. Les écoles elles-mêmes ont réduit leur programme d'éducation physique pour consacrer davantage de temps aux disciplines purement scolaires, ce qui ne fait qu'aggraver la situation. En conséquence, il faut impérativement que les parents prennent en charge une quelconque activité. Ne vous contentez pas d'encourager vos enfants à faire partie d'équipes sportives, sortez avec eux, courez, marchez ou faites du vélo avec eux.

Le plus difficile en la matière, c'est de respecter un programme hebdomadaire. Ce n'est pas parce que vous avez atteint votre poids idéal qu'il faut devenir paresseuse. Débrouillez-vous pour vous entraîner régulièrement. Certains se motivent en s'inscrivant à un club ou en prenant des cours. Si vous ne voulez pas dépenser d'argent, marchez tous les matins à un rythme soutenu. Mais ne laissez rien au hasard. Choisissez une heure et respectez-la, coûte que coûte. Une fois que vous vous serez fixé une ligne de conduite, il vous sera plus facile de la suivre. Si vous êtes négligente, tout vous semblera plus compliqué. Si vous trouvez quelqu'un qui vous accompagne, tant mieux. Je connais trois femmes qui se sont associées, il y a à peu près cinq ans, pour fonder leur propre « club diététique ». Il n'y a ni droits d'inscription ni professeurs. Qu'il pleuve, qu'il vente, qu'il neige, elles se retrouvent tous les matins à six heures et demie et marchent d'un bon pas, une heure durant. Puis elles rentrent chez elles pour accomplir leurs tâches habituelles. Loin d'être « épuisées » par leur exercice matinal, elles y puisent de l'énergie et en récoltent les bienfaits, tout au long de la journée.

Enfin, pour rester ce que vous êtes devenue, évitez les excès de graisses et de sucres. Considérez-les comme les ennemis qu'ils sont en réalité. Examinez le régime de ces écoliers dont j'ai parlé plus haut, vous constaterez qu'ils absorbent surtout des aliments saturés de graisses et bourrés de sucre. C'est ainsi que votre nouvelle compétence en matière de nutrition s'exercera pour votre plus grand bien et pour celui de votre famille. Quand vous aurez pris conscience que certains aliments ne contiennent que des calories vides, il vous sera plus facile de leur substituer d'autres aliments.

Si votre programme de maintien repose sur de bonnes habitudes alimentaires et sur un exercice physique régulier, si vous centrez votre vie sur de nouvelles activités, le présent vous semblera tellement agréable que vous n'éprouverez aucune difficulté à adopter ce schéma pour le reste de votre vie, une vie féconde, une vie où vous serez mince.

2.

« Du jour de sa naissance à l'âge de dix-huit ans, une fille a besoin de bons parents. De dix-huit à trente-cinq ans, d'un bon physique. De trente-cinq à cinquante-cinq ans, d'une forte personnalité. Et à partir de cinquante-cinq ans, il lui faut de l'argent », déclara Sophie Tucker[1], « la dernière des grandes bêtes de scène », à près de soixante-dix ans.

Bravo ! Cette bonne vieille Sophie a touché du doigt l'essentiel, à une omission près. J'ajouterai que, depuis le jour de notre naissance, nous avons tous besoin de nous estimer à notre juste valeur. C'est un placement qui rapporte, à tous les âges.

Je suis bien placée pour le savoir.

Je suis entrée dans la dernière tranche du plan de vie établi par Mrs. Tucker et j'ai traversé tous les autres stades, sinon de manière triomphante, du moins avec un solide sens de ma propre valeur.

J'ai eu de la chance. J'ai eu de bons parents. Certains n'ont pas cette chance. Quelle qu'en soit la raison, ils grandissent en se sentant mal aimés. La confiance en soi en prend un coup, mais ce sentiment d'avoir été négligé — qu'il soit réel ou perçu comme tel — n'est pas insurmonta-

1. Chanteuse des années trente.

ble. Cela forme parfois le caractère. J'étais célèbre avant même d'avoir atteint l'âge de dix ans, et la meilleure éducation du monde ne pouvait pas m'empêcher d'avoir de moi-même une vision déformée. J'étais sans cesse confrontée à des situations d'adulte, on me refusait la compagnie de mes pairs, si bien que j'ai cessé d'être une enfant dès que j'ai commencé à travailler pour le cinéma. Ce n'est que des années plus tard, quand je suis entrée au centre Betty Ford, que j'ai compris à quel point cela m'avait affectée. Là, j'ai analysé mes expériences de jeunesse afin de vivre le reste de mon existence de la manière la plus saine possible.

Que l'on croie avoir de graves problèmes ou non, il est bon de réfléchir ainsi. Après tout, il est plus facile de refréner des impulsions négatives quand on connaît leur origine. Nous pouvons ainsi maîtriser sinon les circonstances, du moins la manière d'y faire face.

Quand je déraillais à Washington, j'ignorais totalement que j'avais perdu le sens de ma propre valeur et que toutes les nourritures de ce monde ne parviendraient pas à combler le vide intérieur que je ressentais. Il faut être tombé bien bas pour penser qu'un sundae au chocolat chaud va redresser la situation. Pour beaucoup de femmes d'âge mûr, c'est pourtant une attitude courante face au malheur. Heureusement, maintenant que vous connaissez mon expérience, vous savez qu'il existe des solutions plus saines et beaucoup plus satisfaisantes.

L'une d'entre elles consiste à vous accorder des récompenses quand vous avez réussi à vous maintenir à votre poids idéal. Economisez de l'argent pour acheter quelque chose pour cette nouvelle femme que vous êtes, et ce au moins une fois par mois. Je ne vous dis pas de vous offrir des babioles hors de prix chez Cartier ou chez Tiffany's. Loin de là. Il n'est pas nécessaire de dépenser beaucoup d'argent pour se faire plaisir. Vous pouvez opter pour un bijou fantaisie, de la lingerie à dentelle ou simplement un cadre pour mettre une photo où vous êtes mince et élégante (n'oubliez pas de changer la photo pour qu'elle corresponde à votre image !). N'achetez pas nécessairement quelque chose de coûteux. Il suffit que vous en ayez envie.

Voici un autre tuyau qui vous aidera à vous maintenir et à garder un état d'esprit positif : trouvez, chaque mois, une nouvelle activité physique. Essayez les skis ou les patins. Inscrivez-vous à un cours de danse ou de natation. Si vous savez nager, apprenez une nouvelle nage. L'une de mes amies a suivi un cours de plongée sous-marine au YMCA. Pour apprendre la technique, on faisait plonger tous les élèves, en tenue, dans le bassin d'une piscine. A présent, elle plonge dans l'océan. Elle est tellement mordue qu'elle aimerait travailler pour une société de biologie marine. L'important, c'est d'élargir votre horizon, tout en pratiquant une nouvelle forme d'exercice. La danse est une activité populaire. Il y a quelque temps, le tango a connu un certain renouveau. On prenait des cours et on traversait les pistes en glissant sur des rythmes argentins syncopés. Ce genre d'activité vous donne l'impression de vous amuser, pas de faire de l'exercice.

Vous n'avez peut-être aucune envie de pratiquer une quelconque activité sportive, mais cela ne coûte rien d'essayer. Vous verrez à quel point on peut se passionner pour une discipline apprise sur le tard. En lisant un article, j'ai découvert qu'une vieille dame de quatre-vingts ans avait participé au marathon de Boston. C'est à plus de soixante-dix ans qu'elle s'est mise à la course à pied !

Pour rendre votre régime de maintien plus amusant, essayez une nouvelle recette chaque semaine. Si vous accommodez différemment les mêmes produits, vos papilles gustatives resteront alertes. Il existe des journaux qui vous proposent, chaque jour, des recettes peu caloriques ou facilement adaptables à mon régime. Je découpe et je garde celles qui me paraissent particulièrement appétissantes, et je les essaie. Vous pouvez aussi vous mettre au défi de créer de nouveaux plats à faible teneur calorique. Chaque semaine, prenez aussi le temps de rédiger les menus des sept jours à venir. Vous serez moins tentée de faire des entorses.

Toute idée nouvelle et différente (à condition qu'elle soit positive) rend la phase de maintien beaucoup plus agréable. Je me suis teint les cheveux en blond, il y a quelques années, vous vous souvenez ? Je l'ai fait pour m'amuser et, bien que je ne sois pas restée blonde, je me suis fait plaisir. S'il y a une chose que vous avez toujours voulu faire et que vous n'avez jamais faite, c'est le moment. Je connais un médecin qui était tellement débordé qu'il n'avait jamais le temps de donner libre cours à sa créativité. Il avait plus de soixante ans quand il s'est mis au piano, ce dont il avait envie depuis longtemps. Ce n'est certes pas Vladimir Horowitz, mais il prend autant de plaisir à s'acharner sur la *Lettre à Elise* de Beethoven, dans son salon, que n'importe quel pianiste jouant les sonates de Scarlatti au Carnegie Hall. Bien des gens ont enrichi leur vie en apprenant à jouer d'un instrument. Quant à ceux qui s'intéressent à la musique, mais pas aux instruments de musique en tant que tels, il n'y a rien de plus merveilleux que de faire partie d'une chorale. Ce ne sera pas nécessairement le Tanglewood Festival Chorus, mais vous pouvez faire partie d'un petit groupe de quartier. Si vous avez la fibre littéraire, essayez donc de rédiger cette histoire qui vous brûle les doigts depuis tant d'années. Si vous avez besoin de conseils, certaines municipalités ont organisé des cours d'écriture créative. Suivez l'un d'eux. Ou bien inscrivez-vous à un cours de photographie ou de peinture. J'ai fait un peu de peinture en amateur. Si mes efforts n'ont pas été couronnés de succès, j'ai des amis qui sont devenus d'excellents peintres. Certains vendent leurs œuvres, qui atteignent des prix tout à fait honorables ! Bien que ce ne soit pas désagréable, il n'est pas indispensable que vous gagniez de l'argent avec votre violon d'Ingres ! Plus vous serez active, plus vous vous sentirez vivante.

Mais même si vous essayez tout ce que je vous ai conseillé, il y aura quand même des jours où vous aurez une irrésistible envie de sauce au chocolat chaud ou de quelque fantaisie que ce soit. Dans ce cas, il y a deux choses à faire : premièrement, vous forcer à attendre trente minutes. Cela devrait suffire, mais si cela ne marche pas, APPELEZ AU SECOURS. Téléphonez à une amie. Même si cela vous déplaît, allez chercher l'aide dont vous avez besoin. Vous n'avez pas échoué parce que vous avez envie de quelque chose, ni même parce que vous avez succombé à la tentation. Tant que l'on vous aidera à revenir à votre régime ou à votre programme de maintien, vous pouvez considérer que vous avez réussi.

Enfin, donnez de vous-même. Je m'occupe énormément du sida. J'avais pris conscience de ce terrible fléau avant même la mort de mon ami Rock Hudson. Le silence criant qui entoure le sida me révolte. La discrimination, l'opprobre. Je me suis dit que mon attitude ne valait pas mieux et qu'il fallait agir. Ce que j'ai fait ! Je me suis engagée activement mais, après la mort de Rock, cette cause m'a touchée au cœur. On n'a pas le droit de se tourner les pouces alors qu'il y a tant à faire pour rendre ce monde meilleur et plus sûr.

Ma cause, c'est mon combat contre le sida, mais il existe de nombreuses organisations qui ont besoin de votre aide. Il y a la famine, la maladie, la guerre et l'oppression politique. On ne peut pas se préoccuper uniquement de son tour de taille. Dieu sait que vous aurez une meilleure idée de vous-même si vous aidez les autres. Cela vous grandira et vous n'en serez que plus estimable. Nous ne pouvons pas toutes être mère Teresa, mais chacune peut essayer d'améliorer son petit coin de terre.

Aujourd'hui, je suis plus heureuse que jamais. Dans ma vie, j'ai connu des périodes de joie, telles ces merveilleuses années passées avec Mike et Richard. Mais c'est la première fois que je suis l'artisan de mon propre bonheur. Ça ne m'est pas tombé tout cuit dans le bec, parce que j'étais jeune, charmante ou célèbre. Je n'étais pas non plus amoureuse. Ce bonheur ne me fut pas « octroyé », je l'ai mérité.

Plus vous serez active, plus vous vous sentirez vivante

En surmontant des obstacles apparemment insurmontables, j'ai appris que, si j'avais perdu tout amour-propre, ma corpulence n'en était pas la principale responsable. Pour m'apprécier à ma juste valeur, il me fallait d'abord vaincre mes vieilles peurs, mes doutes et mes angoisses. Ce n'est qu'à ce prix que j'ai pu remodeler mon image. A présent, mon moi extérieur et mon moi intérieur sont en harmonie. Je me sens vraiment aussi bien que j'en ai l'air. Et, nom d'un chien! je sais que je suis bien physiquement.

J'ai fait de nombreux efforts pour en arriver là, et c'est pour cela que cette victoire m'est chère. Mais la guerre n'est pas terminée. Il y a tant de choses que je veux faire. J'ai du mal à y croire. Sur le plan professionnel, j'ai tourné trois films en trois ans, et j'en suis au point où je ne parviens plus à examiner tout ce que l'on me propose. J'ai aussi des parts dans une importante entreprise commerciale. Bien que toutes ces activités m'apportent de grandes satisfactions, c'est de ma contribution à des œuvres charitables que je suis le plus fière. J'ai collecté des millions de dollars pour la Fondation américaine pour la recherche sur le sida. Et je ne m'arrête pas là. Je ne cesserai mon combat que lorsque cette terrible maladie sera vaincue.

Après avoir été, pendant des décennies, une star, un nom à la une des journaux, je suis devenue une femme active et performante. Je crois avoir prouvé que toutes les femmes peuvent réussir une nouvelle vie. Il suffit d'essayer.

Table des matières

Prologue 11

Introduction 23

Première Partie :

COMMENT TOUT A COMMENCÉ : Mon point de vue 33

Deuxième Partie :

COMMENT SE PRÉPARER : Quelques conseils 127

Troisième Partie :

LE RÉGIME SUR MESURE 171

Quatrième Partie :

L'EXERCICE PHYSIQUE 257

Cinquième Partie :

EN RÉSUMÉ 275

Achevé d'imprimer le 23 février 1988
sur presse CAMERON,
dans les ateliers de la S.E.P.C.
à Saint-Amand-Montrond (Cher)
pour le compte des éditions Robert Laffont
6, place Saint-Sulpice, 75279 Paris Cedex 06

Dépôt légal : mars 1988
N° d'Édition : 31015. N° d'Impression : 3439-142.